IT-Servicemanagement als Chance zur Prozessautomation

Axel Himmelreich

ÜBER DAS BUCH

Prozessautomation ist der wesentliche Schlüssel zur Erneuerung und Optimierung des gesamten IT-Betriebes und bietet erhebliche Chancen den Betrieb effektiver und effizienter auszurichten.

Durch Automatisierung entstehen kalkulierbare Services. Interne und gesetzliche Regularien werden eingehalten und die SLA-Fähigkeit wird hergestellt. Dadurch ergeben sich Einspar- und Optimierungspotenziale.

Dies ist der Schlüssel zum Erfolg eines modernen IT-Betriebes.

Ziel dieses Taschenbuches ist es, einen Überblick über die Prozessautomation in Bezug zu IT-Servicemanagement und ITIL zugewinnen. Automations-Beispiele und eine ITIL-konforme Methode zur Kosten-Nutzenpotenzial-Bewertung von Automatisierungsvorhaben runden das Buch ab.

Axel Himmelreich

Köln, im März 2012

Über den Autor

Axel Himmelreich, Senior Consult für IT-Servicemanagement und Produktexperte für diverse Standardapplikationen ist als Projektmanager, ITIL Service Manager und Trainer beratend bei mittelständischen und Großunternehmen in Deutschland tätig. Er lebt mit seiner Familie in Köln.

Danksagung

Vielen Dank an meine Frau Melodie Himmelreich die mir mit Rat & Tat zur Seite stand und sich als Lektorin erster Stunde verdient gemacht hat. Vielen Dank an Katrin & Titus Keiningham für die Lektoratstätigkeiten und Publikations-Unterstützung. Und sehr vielen Dank an meinen geschätzten Freund Christoph Tschamler für die Anstrengungen zum erfolgreichen Gelingen des Buches und sein Beitrag in Form des Vorwortes.

IMPRESSUM

Titel: IT-Servicemanagement als Chance zur Prozessautomation

ISBN: 978-3-00-037391-6

Auflagen: 1. Auflage 2012.03

Bibliografische Information der Deutschen Bibliothek:

Die Deutsche Bibliothek verzeichnet diese Publikation in der Deutschen Nationalbibliografie; detaillierte bibliografische Daten sind im Internet über <http://dnb.ddb.de> abrufbar.

Printed in Germany

HANDELSMARKT NOTIZEN

ITIL® is a Registered Trade mark of the Office of Government Commerce in the United Kingdom and other countries.

PRINCE2® is a Registered Trade Mark of the Office of Government Commerce in the United Kingdom and other countries.

The ITIL endorsement logo is a Trade Mark of the Office of Government Commerce.

COBIT® is a registered trademark of the Information System Audit and Control Association (ISACA)/IT Governance Institute (TIGI).

BMC® Atrium® are U.S. registered trademarks of BMC Corporation.

HP® and HP Service Manager® are U.S. registered trademarks of HP Corporation.

Microsoft® and Windows® are U.S. registered trademarks of Microsoft Corporation.

Excel®, Access® and Word® are U.S. registered trademarks of Microsoft Corporation.

SAP® ia a U.S. and European registered trademarks of SAP, Germany, Walldorf.

Vorwort von Christoph Tschamler

Primäres unternehmerisches Ziel ist es seit jeher, wirtschaftlichen Erfolg zu erzielen und nachhaltig zu sichern. Eine notwendige Grundvoraussetzung, um dies in immer stärker umkämpften Märkten zu erreichen, ist die Generierung von Wettbewerbsvorteilen. Eine konsequente Ausrichtung allein der Produkte und ihrer Bestandteile ist hierfür schon längst nicht mehr ausreichend. Ein wesentlicher Faktor zur Sicherstellung von Ertrag ist längst auch eine durchgängige Steuerung der Kostenseite, insbesondere in Märkten mit hoher Wettbewerbsintensität. Insbesondere die Finanzdienstleistungsbranche steht - auch durch zunehmenden staatlichen Regulierungseinfluss auf der Produktseite – unter einem immer größer werdenden Kostendruck. Dies wird insbesondere auch dann deutlich, wenn Wirtschaftskrisen dafür sorgen, dass Umsätze rückläufig sind und die Kapitalanlagen der Unternehmen nicht mehr die Rendite erwirtschaften, die notwendig sind, um gesteckte Ertragsziele zu erreichen. Auch die vielzitierte Globalisierung sorgt dafür, dass Unternehmen in ehemals regional abgeschotteten Märkten tätig werden und über Standortvorteile wie Lohnniveau oder Steuerbelastung Kostenvorteile mit in den Wettbewerb bringen. Wie heißt es im Fußball immer so schön, wenn ein Trainer nach dem Rezept für erfolgreichen Fußball gefragt wird: „Vorne mindestens ein Tor schießen und hinten zu Null spielen". Dieser recht allgemeine Satz trifft den Nagel auf den Kopf: Will ein Unternehmen nachhaltig erfolgreich sein, gilt es ebenso, Wettbewerbsvorteile auf der Kostenseite zu generieren und stetig auszubauen.

Durchforstet man die Literatur nach Studien zur Produktivitätsentwicklung in deutschen Unternehmen, wird schnell eine zentrale und immer wieder kehrende Botschaft deutlich: Der bedeutendste Stellhebel, um „hinten zu Null zu spielen", ist die stetige Optimierung der Prozesse im Unternehmen. Ein zentrales Element im Rahmen der Optimierung der Prozesslandschaft ist es, herauszufinden, welche Prozesse automatisiert werden können. Insbesondere in der Versicherungswirtschaft ist eine möglichst einfache, schlanke und damit gut steuerbare Prozesslandschaft ein entscheidender Faktor im Wettbewerb. Eine an den richtigen Stellen automatisierte Prozesslandschaft trägt auch insbesondere dazu bei, dass Kundenwünsche schnell, transparent und möglichst fallabschliessend bearbeitet werden. Der Nutzen liegt damit auf der Hand: Kundenzufriedenheit und dauerhafte Verbesserung der Stabilität der Prämien.

Eine immer entscheidendere Rolle kommt dabei dem IT-Servicemanagement zu. Von der IT wird nicht mehr nur die Entwicklung und der Betrieb von Hard- und Software gefordert. Mittlerweile hat die IT in Unternehmen die Rolle eines Dienstleisters inne, welcher auch dafür verantwortlich ist, dass die zur Verfügung gestellten Produkte bedarfsgerecht, effizient und qualitativ hochwertig im Sinne eines konkreten Ergebnisbeitrages sind. Die IT kann einen besonderen Wertbeitrag zum Unternehmenserfolg liefern, wenn es ihr gelingt, die folgende zentrale Frage nicht nur zu beantworten, sondern direkt auch eine jeweils ideal in die Unternehmenslandschaft passende Lösung zur Verfügung zu stellen:

Welche konkreten Erwartungen an eine spezielle Dienstleistung hat der Kunde und welches Leistungsangebot kann die IT liefern, um diese Erwartungen umfassend und möglichst fallabschliessend zu erfüllen?

Voraussetzung zur bestmöglichen Beantwortung dieser Frage ist eine ganzheitliche Sicht auf die Architektur und auf die dahinter liegenden Prozesse. Die inhaltlich zentrale Steuerungsgröße ist in diesem Zusammenhang die optimale Ausschöpfung des jeweils vorhandenen Automatisierungspotenzials von Prozessen.

Axel Himmelreich hat sich in den folgenden Ausführungen exakt mit diesem Thema beschäftigt. Er zeigt auf, welche konkreten Nutzenpotenziale in der Prozessautomatisierung generell stecken und er gibt dem Leser eine konkrete Methodik an die Hand, wie diese entdeckt und gehoben werden können. Darin liegt auch der Mehrwert dieses Buches: Es stellt dem Leser einen branchenübergreifend einsetzbaren Baukasten zur Verfügung, um die Potenziale insbesondere in der IT-Prozesslandschaft zu erkennen, zu nutzen und so die Profitabilität direkt zu erhöhen.

Christoph Tschamler

München, im März 2012

Christoph Tschamler war nach seiner Berufsausbildung zum Versicherungskaufmann (IHK), seinem Studium zum Diplom-Kaufmann und einer freiberuflichen Beratertätgikeit in der Anwendungsentwicklung zunächst als Assistent des Vorstandsvorsitzenden in einem Versicherungsunternehmen tätig. Als Spezialist für Gesundheitspolitik war er während dieser Zeit unter anderem als Projektleiter für die Umsetzung des GKV-Wettbewerbsstärkungsgesetzes im Unternehmen verantwortlich und wirkte in diversen Projekten und Ausschüssen des Verbandes der privaten Krankenversicherung e.V. mit. Im Jahr 2008 wechselte er als Leiter des Projektoffice zur Umsetzung der Gesundheitsreform zu einem großen Münchener Versicherungskonzern. Seit 2009 ist Christoph Tschamler dort als Projektmanager in der Unternehmensentwicklung für die strategische Planung im Bereich Krankenversicherung zuständig. Die Steuerung der Sicherstellung und des Ausbaus der Profitabilität im Bereich Krankenversicherung ist ein wesentlicher Teil seiner Kernaufgaben.

1. Inhaltsverzeichnis

2. Positionierung

In heutigen IT-Betrieben müssen sich die Manager und Mitarbeiter verstärkt Budgetkürzungen stellen. Das Alles im Fokus steigender IT-Anforderungen seitens des eigenen Unternehmens oder der Kunden. Komplexität, hoher Umfang und Ressourcenbindung umfassen neue Vorhaben, ob bestehende Prozesse erweitert oder neu eingeführt, gesetzliche Regularien erfüllt oder die Servicequalität auf Grund der Marktsituation gesteigert werden muss. Täglich wird der IT-Betrieb mit neuen Themen konfrontiert.

Auf Grund planerischen und vorausscheuenden Denkens, von Markttrends und Standard-Software wurde in den letzten Jahren intensiv in IT Infrastructure Library (ITIL) – also eine konforme Gestaltung von Abläufen investiert. Mitarbeiter wurden nach ITIL zertifiziert und bestehende Prozesse nach ITIL ausgerichtet oder neu eingeführt. Mittlerweile kann zwischen einer Störung (Incident) und einem Problem unterschieden werden. Basisprozesse wie Incident- und Problem Management und neue Rollen, wie die eines Incident Managers oder die eines Asset & Configuration Managers, werden von den Mitarbeitern gelebt. Entsprechende Standard-Software oder Individuallösungen bilden die Datenplattform für das Registrieren und Abarbeiten von Aufträgen und das

Verwalten von CIs (Configuration Items) in einer CMDB (Configuration Management Database). Die IT-Organisation ist in der Software abgebildet und bietet Transparenz über das tägliche Geschehen.

Die logische Folgerung aus diesen Investitionen und dem Druck durch Budgetkürzung ist folglich im Allgemeinen die Automation der Abläufe und der etablierten Prozesse.

In der Praxis wird oft erkannt, dass die bestehenden Prozesse nicht zusammenarbeiten oder die Verarbeitung von Informationen nach wie vor manuell durchgeführt wird. Nicht nur Medienbrüche durch unterschiedlich eingesetzte Verfahren, Software-Tools oder fehlende Kontrollmechanismen sind dafür verantwortlich. Oft werden die Prozesse parallel betrieben und gelebt. Dabei ist die Kommunikation und ein automatischer Abgleich von Informationen wesentlich. Erst durch die Automation und damit effektive Verbindung von Prozessen kann ein wesentlicher Mehrwert geschaffen werden.

Ein ITIL-konformer Prozess für sich bringt allein oft nicht die Vorteile und den erhofften Nutzen. Erst mit Blick auf das Ganze kann der wesentliche Nutzen erkannt und dargestellt werden.

Daraus ergibt sich auch eine große Chance den Grundsatz der Automatisierung zu berücksichtigen, sowie gezielt und folgerichtig zu investieren. Mit der Annahme, dass durch das Umsetzen von ITIL Prozessen ein Großteil der notwendigen Voraussetzungen (Konsolidierung und Standarisierung) geschaffen wurde, können Automatisierungsprojekte mit hoher Erfolgsaussicht und dem erwarteten Nutzen umgesetzt werden.

Abbildung 1: Grundsatz der Prozessautomation

3. Bedeutung der Konsolidierung

Die Konsolidierung in der IT hat eine zentrale Bedeutung. Konsolidierung bedeutet auch eine Verdichtung von Informationen und Daten. Ein gutes Beispiel für eine Konsolidierung ist im Unternehmen oft die zahlreiche Verwendung von Excel-Dokumenten und Individuallösungen von Access-Datenbanken. Oft sind diese in den unterschiedlichen Fachbereichen mehrfach erstellt worden. Eine Excel-Adress-Liste gibt es in unterschiedlicher ausgeprägter Form üblicherweise mehr als einmal. Eine Auftragserfassung auf Basis von Access gibt es meist auch mehrfach. Natürlich verführt die schnelle und einfache Gestaltung von Excel, Access und Co. mal eben ein Lösung oder ein Workaround für den Betriebsablauf zu erstellen. Die Gefahren jedoch sind oft erheblich. Neben mehrfach parallel betriebenen Aufwänden kommen Aspekte, wie der des Security Management hinzu. Häufig fehlt das Wissen in den Fachbereichen, um eine Lösung zu schaffen, die den nötigen Anforderungen von Sicherheit, Integrität und Vertraulichkeit entspricht. Auch die Kenntnis, dass die Informationen auch an anderer Stelle benötigt werden ist meist nicht bekannt. Ein weiterer Aspekt ist auch das Berichtswesen. Was muss berichtet werden und an wen? Erfasste Daten müssen auch zentral für bestimmte Personen zugänglich sein. Auch das Setzen von KPIs (Key Performance Indications) ist wesentlich um ein geordnetes Berichtswesen durchzuführen.

Grundsätzlich muss daher bei einer Projektierung für ein Thema die Möglichkeit zur Konsolidierung berücksichtigt werden. Es muss immer wieder eine Erhebung von individuellen Lösungen in den Fachbereichen durchgeführt und in der Gestaltung von neuen oder bestehenden Prozessen beachtet werden, so dass die Individuallösungen Schritt für Schritt abgelöst werden.

4. Bedeutung der Standarisierung

Standarisierung bedeutet letztendlich Themen auf Grundlage eines einheitlichen Verfahrens umzusetzen. Hier bei hilft das ITIL-Rahmenwerk. Wichtig sind die im IT-Betrieb hinterlegten und ITIL-ergänzenden Policies.

Folgende Policy-Dokumente sollten im Rahmen der ITIL-Einführung, aber auch als Basis einer Projektierung erstellt, herangezogen und weitergeführt werden:

- Security Policy
- Business Process Policy
- Design & Deployment Policy (Release Policy)

Wenn zum Beispiel für das Request Fulfillment das hinterlegte Verfahren in der Business Process Policy festlegt, dass alle Service Requests zentral über einen Service Desk eines bestimmten Standard-Tools, wie HP Service Manager oder BMC Atrium (ehemals Remedy), erfasst werden müssen, dann darf später die Lösung nicht so aussehen, dass hierfür eine Erweiterung im SAP durchgeführt wurde. Die Security Policy stellt sicher, dass der Service Request Antragssteller auch berechtigt ist seine Anforderung zu stellen. Sie garantiert die Integrität und Sicherheit der Daten. Die

Design & Deployment Policy wiederum ist der Garant, dass die technische Umsetzung einheitlich zu anderen Erfassungs- und Bearbeitungsmasken, Notifikationen oder Hintergrundmodifikationen von CIs durchgeführt wird. Wiedererkennungswerte, egal ob oberflächlich oder im Hintergrund sind für eine Weiterentwicklung des Prozesses und der hinterlegten Quellen wichtig. Dies beginnt beispielsweise bei Abständen von Labels zu Eingabefeldern oder verwendeten Schriftgrößen und geht bis zur einheitlichen Verwendung von Macros, JavaScripts oder WebServices.

5. Voraussetzungen für eine Automation

Das ITIL-Rahmenwerk als De-facto-Standard ist weit verbreitet. Sollte aber nicht mit ITSM gleichgesetzt werden. Obwohl das Rahmenwerk in hohem Maß das Planen und Handeln innerhalb der IT-Organisation bestimmt. Daher kann ITIL als Grundlage für das ITSM und der Prozessgestaltung in der IT gesehen werden. Dabei werden Ansätze für technische und auch organisatorische IT-Prozesse herangezogen.

Die Prozessautomation geht einen Schritt weiter. Es wird für die automatische Durchführung der Prozesse und einzelnen Verfahren gesorgt. Damit entsteht ein ganzheitlicher Ansatz für das Management der IT-Prozesse, vom Entwurf, über die Ausführung bis hin zur Dokumentation.

Die Prozessautomation benötigt als Vorraussetzung neben umgesetzten Konsolidierungs- und Standarisierungsmaßnahmen auch die Basis der Veranlassung, wie das Automatisieren von manuellen Tätigkeiten. Entscheidend für ein geordnetes Vorgehen in der Prozessautomation ist die Kontrolle anhand von aussagekräftigen KPIs zur Messung und Erfolgskontrolle. Abschließend muss eine einheitliche und standarisierte Dokumentation erfolgen. Die Dokumentation ist entscheidend für Prozess-Audits, aber auch für die weitere Entwicklung und Weiterverfolgung der Prozessautomation.

Abbildung 2: Voraussetzung für Prozessautomation

6. Ziele der Prozessautomation

Das zentrale Ziel der Prozessautomation ist die Kosteneinsparung und neben dem Erhalt von IT-Services auch die Steigerung deren Servicequalität. Allein durch die angestrebten Konsolidierungs- und Standarisierungsmaßnahmen werden bereits Kosten reduziert. Ein hoher Erfolg wird durch die Ablösung von manuellen Arbeitsschritten deutlich. Alles zusammen schont das IT-Budget. Eine bewusste Wahrnehmung des gesteigerten Wertbeitrags wird aber durch die Servicequalität der IT-Services erzielt.

Konsolidierungs- und Standarisierungsmaßnahmen sind deshalb erforderlich, da die IT-Automatisierung eine vereinfachte Abbildung der Prozesse und Verfahren auf die Systemlandschaft wiederspiegelt. Die Reifegrade der bestehenden Prozesse und der vorhandenen Infrastruktur hat direkten Einfluss auf die Kosteneinsparungs- und Servicequalitätspotentiale.

Zentrale Punkte um mit Kostensenkungen durch Automatisierung von IT-Aufgaben und –Prozessen zu beginnen sind:

Manuelle Arbeitsschritte und Abläufe

- Es können grundsätzlich häufige anfallende manuelle Arbeitsschritte automatisiert werden.
- Es können reproduzierbare Abläufe erkannt und automatisiert werden.
- Verfahren und Aufgaben mit langen Durchlaufzeiten, geringer Komplexität und immer demselben Ablauf können automatisiert werden.

Schnittstellen

- Verfahren mit vielen Schnittstellen können automatisiert werden.
- Vermeidung von Medienbrüchen müssen beachtet werden.
- Konsolidierung von unterschiedlichen Protokollen, Tools und individual Lösungen.

Rollen

- Verfahren mit vielen Beteiligten können reduziert und automatisiert werden.
- Auch hier gilt es, was die Informationswege angeht, die Vermeidung von Medienbrüchen zu berücksichtigen.

Durchlaufzeiten

- Generell sollen die Durchlaufzeiten bis zur Auslieferung eines Service reduziert werden
- Auftrags- und Bestellungsabarbeiten bis zur Erledigung sollen deutlich beschleunigt werden,
- Auch die Störungsbehebung in einem Incident Management soll deutlich schneller durchgeführt werden können
- Durch Setzen von KPIs muss die Automationseffizienz kontrolliert werden um eine Verlässlichkeit in Aussagen zu Service Level Agreements zu liefern

Abbildung 3: Zentrale Punkte für eine Prozessautomation

Daraus ergeben sich Anforderungen an die Automation von IT-Prozessen. Folgende Anforderungen und

Themen sind für Unternehmen relevant und wichtig für zukünftige Umsetzungen, wie die Rationalisierung von IT-Betriebsabläufen, die Automation von Service Requests, Virtualisierungsmanagement, User- und Rechte Management, Self Service Portale, Steuerung von Cloud Services als ganz neues Thema und als Spannungsbogen über die genannten Themen steht die IT-Compliance und die Nachvollziehbarkeit der Automation.

Um Lösungen für eine Prozessautomation zu schaffen für die oben genannten Themen müssen die Eigenschaften und Voraussetzung für eine Lösung geprüft und festgelegt werden. Wichtig sind hierbei die Eigenschaften wie die einfache Implementierbarkeit der Lösung. Aber auch, dass die Lösung sich einfach in bestehende Prozesse integrieren lässt. Hohe Flexibilität und einfache Benutzung, also hohe Usability-Eigenschaften, soll die Lösung ebenfalls ausweisen. Die verwendeten Applikationen und Schnittstellen sollen jederzeit erweiterbar auf die neuen Bedürfnisse angepasst werden können. Neben günstigen Anschaffungs- und Umsetzungskosten sollten die Betriebskoste ebenfalls auf niedrigem Niveau sein.

Dies sind alles wünschenswerte Eigenschaften. Alle vereint zu erhalten kann sich schwierig gestalten. Eine geordnete Tool-Evaluation sollte daher voraus gehen um bestehende und mögliche zukünftige Werkzeuge für den IT-Betrieb zu untersuchen.

Wichtig ist aber immer, dass die Ziele der eigentlichen Prozessautomation im Auge behalten werden. Reine Tool-Lösung oder der Einsatz von Komplettlösung eines einzelnen Herstellers bringen auch nicht immer den erwünschten Erfolg, da es sich hierbei meist auch um zusammengewürfelte, eingekaufte Produkten von übernommenen Unternehmen handelt. D.h. Komplettlösungen sind auch nicht das Allheilmittel.

Es sollte vorab immer geprüft werden, ob bestehende Applikationen für die Automation geeignet sind. Oft können schon durch kleinere Erweiterungen im bestehenden Applikationen oder Schnittstellen die gewünschten Ergebnisse erzielt werden.

Grundsätze wie ‚Einfacher ist mehr', ‚Wiedererkennungswert schaffen' oder ‚Weniger ist besser' sollten daher immer berücksichtigt werden.

7. Risiken, Gefahren und Hindernisse

Prozessautomation beschreibt einen ganzheitlichen Ansatz von der Analyse bis zur Umsetzung in einem IT-gestützten Werkzeug. Also muss auch die Beratung diesen ganzheitlichen Ansatz verfolgen und sowohl technische als auch betriebswirtschaftliche Kompetenz aufweisen.

- Betriebswirtschaftliche Kompetenz bei Analyse, Design und Dokumentation der Prozesse
- Technische Kompetenz bei Umsetzung und Automation der Prozesse im IT-gestützten Werkzeug

Durch die Chance einen Prozess zu automatisieren ergeben sich auch Risiken. Aus Chancen und Risiken ergeben sich Gefahren. Gefahren sind Allgemein negative Auswirkungen aus dem automatisierten Prozess heraus und können zum Beispiel das Auslösen von Massen-Emails, Bestellungen oder anderen Änderungen oder das „in der Sackgasse stecken“ bei vorgegebenen Genehmigungsinstanzen sein. Aber auch bei unzureichender Pflege der Automatisierungsprozeduren ergeben sich Gefahren. Zum Beispiel könnte eine alte Software Version installiert werden. Ebenso könnten sich nicht autorisierte Personen aus dem Servicekatalog bedienen.

Daher ist es oft unabdingbar aus allen Fachbereichen Spezialisten heranzuziehen um ein Automatisierungsvorhaben zu prüfen. Auch mittels Risikoprüfungen z.B. mit einem Risk Assessment Tool können Analysen für die Verfügbarkeit der IT-Services durchgeführt werden. Tools könnten Methoden wie CRAMM (CCTA Risk Analysis and Management Method), FTA (Fault Tree Analysis) oder CFIA (Component Failure Impact Assessment) unterstützen und liefern die notwendigen Ergebnisse für ein weiteres Fortschreiten des Vorhabens.

Wenn ein Risk Assessment Tool mit integrierten CRAMM-Ansatz zur Auditierung eingesetzt wird, können adhoc ‚Ist und Soll' vor und nach einer Automatisierung durchgeführt werden. CRAMM ist eine Methode zur Identifizierung von Risiken, sowie zur Einleitung von Gegenmaßnahmen zur Reduzierung oder Eliminierung der Risiken.

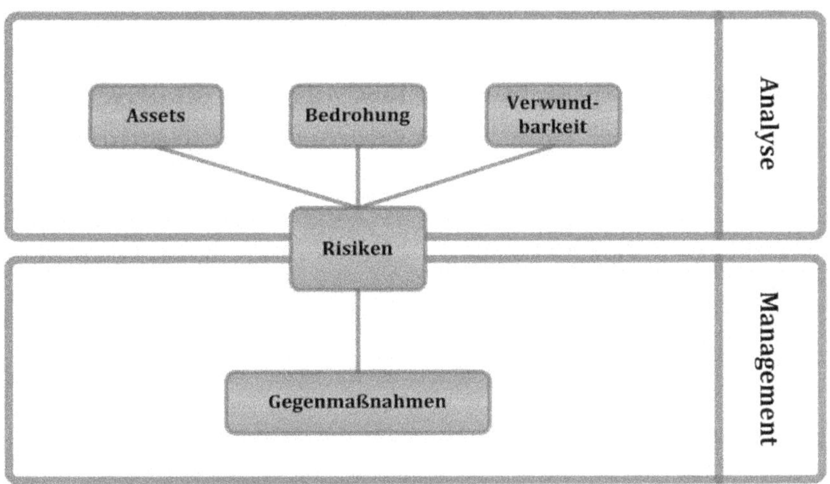

Abbildung 4: Ansatz nach der CRAMM-Methode

Auch die Gegenmaßnahmen zum Schutz der Vertraulichkeit, Integrität und Verfügbarkeit der IT-Infrastruktur im Sinne des Security Managements wird ausgearbeitet.

Neben Risiken und Gefahren kommen auch Hindernisse zum Tragen. Hindernisse sind oft nicht greifbar. Sie verhindern oder blockieren jedoch Automatisierungsvorhaben.

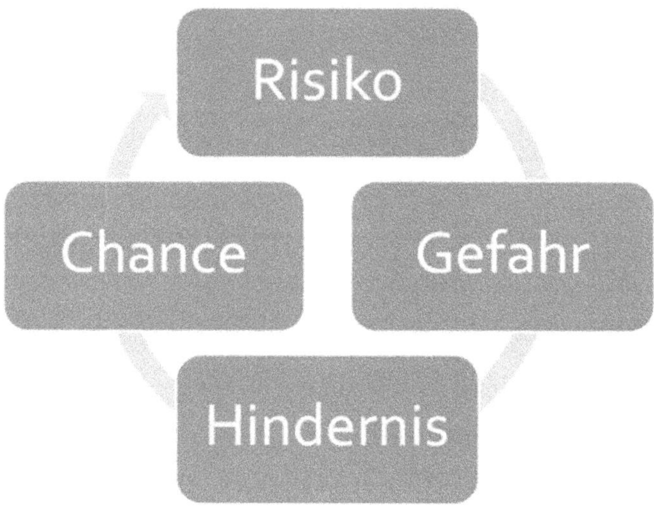

Abbildung 5: Chancen-Spannungsbogen

Allgemeine Hindernisse könnten sein:

- Die IT-Organisation hat keine Beratungserfahrung
- Die IT-Organisation kennt die Business Ziele und –Prozesse zu wenig
- Die IT-Organisation wird nicht oder zu spät in die Geschäftsplanung mit einbezogen

- IT-Services sind nicht transparent, bekannt und steuerbar
- Kosten für ITSM sind zu hoch
- Prozesse ändern sich zu schnell
- Unterschiedliche Ziele von IT- und Fachabteilungen
- Zu wenig technisches Verständnis der Fachabteilungen

Zu den Hindernissen zählt auch die Schattenseite der Prozessautomation. Neue Ideen und Verbesserungsansätze haben naturgemäß nicht nur Vorteile. Das gilt auch für die Prozessautomation. Daher wird auch berechtigt mit persönlichen Vorbehalten mit der Prozessautomation umgegangen.

Werden nun Verfahren oder Standardprozesse automatisiert um die Prozessschritte effektiv und effizient mit Hilfe einer Prozessautomationslösung durchführen zu lassen ist es absehbar, dass sich das Tageschgeschäft der Administratoren eines IT-Betrieb im Lauf der nächsten Jahren in die eines Operators wandelt. Ein Operator muss Überwachungsfunktionen für die neuen Applikationen und Schnittstellen wahrnehmen. Durch die Wandlung der Rolle von einem Administrator zu einem Operator können sich auf Grund der veränderten Situation auch Spannungsfelder aufbauen, so dass je nach erreichtem Grad der Automation eine hohe Zahl von IT-Arbeitsplätzen mit niedrigem Qualifikationsgrad gefährdet sind. Die Kehrseite wiederum ist, dass der Bedarf an hoch qualifizierten IT-Fachkräften steigt. Das spezielle Wissen über neue Applikationen, Schnittstellen und Automationsspezifischen Abläufe muss im Unternehmen bei Störungen oder Fehler des Ablaufes verfügbar sein. Auf Grund der Verfügbarkeit und Qualität ist es daher für Unternehmen oft schwer sich in solche Abhängigkeiten zu begeben.

Auf Grund des Einsatzes von Prozessautomationslösungen kann aber davon ausgegangen werden, dass die Zahl der IT-Mitarbeiter langfristig sinken wird. Um das Knowhow jedoch für den IT-Betrieb verfügbar zu halten ist es meist unabdingbar IT-Dienstleister mit der entsprechenden ‚best practice‘ Erfahrung einzukaufen um die speziellen Aufgaben ausführen zu lassen.

Die Erkenntnis das Verfahren und Prozesse automatisiert werden sollen birgt einen weiteren Aspekt eines Hindernisses mit sich. Das Wissen, Aufgaben aus der Hand genommen zu bekommen, um diese automatisch durchführen zu lassen birgt im Falle von Automationsablauffehlern immer die Gefahr, dass die Behebung komplexer ist. Mehrkosten können dadurch entstehen und die Wiederherstellung des betroffenen IT-Services kann sich verzögern. Dadurch können auch SLA/SLOs betroffen sein.

Dies ist bei manuell gesteuerten und koordinierten Prozessen in der Regel nicht der Fall. Bei einem manuellen Prozess kann es eventuell nur zu einem falschen Ergebnis kommen. Nach der rechtzeitigen Feststellung und der Korrektur des Fehlers ist das Arbeitsergebnis des Prozesses wieder einwandfrei.

Etwas aus der Hand gegeben und aus eigener Kraft keinen sofortigen Einfluss nehmen zu können steckt in jedem. So verhält es sich auch mit dem Wissen um die Prozessautomation.

Dies spiegelt sich meist im organisatorischen Bereich wieder und liegt im komplexen Abstimmungsbedarf des IT-Betriebes. Wenn die Applikations-, Netz-, Server- und Client-Verwaltung bzw. Administration in den Händen einzelner IT-Spezialisten beziehungsweise IT-Abteilungen liegt, dann wird es schwierig, diese für ein prozessübergreifendes Automatisierungsprojekt zusammenzubringen bzw. zu motivieren. Es kommt daher oft zwangsläufig zu Interessenkonflikten.

Ein Grund liegt oft an eine Vielzahl von Übergabestellen. Obwohl die Unternehmen bereits an ITIL bzw. ITSM ausgerichtet sind gibt es trotz Standarisierung der Prozesse noch zu viele Übergabepunkte.

Die Beteiligten oder sich als betroffen gefühlten haben unterschwellig dann immer der Gedanke an eine Rationalisierung.

8. Herausforderungen und Erfolgsfaktoren

Es wurde in den letzten Jahren viel in die Gestaltung von ITIL-konformen Prozessen investiert. Der erhoffte Nutzen ist jedoch oft nicht erreicht worden. Eine Ursache hierfür ist ein zu geringer Automatisierungsgrad der Prozesse.

Welchen Nutzen haben ITIL-konforme Prozesse, Konsolidierungs- und Standarisierungsmaßnahmen, wenn allein schon das Anlegen von neuen Benutzern in einem Active Directory oder einem Tool als eine alltägliche Administratoren-Aufgabe von Hand durchgeführt wird?

Erfolgsfaktoren für die Festlegung der zu automatisierenden Prozesse sind

- Reifegradbestimmung der Prozesse und Vorgänge
- Methoden zur Überprüfung der Umsetzungsvorhaben (PSA-Methode, Tool-Evaluation)
- Transparenz für die Mitarbeiter
- Kommunikation für die Mitarbeiter
- Projektplanung
- Innovationen
- best practice

9. Automatisierungs-Beispiele

Typische best practice Beispiele für Automatisierungsszenarien können sein:

9.1 Automatische Entstörungsprozedur

In der Regel existieren Schnittstellen zur automatischen Incident Ticket Erstellung zu einem Service Support Tool. Nach Überschreitung von System- oder Leistungsparametern, sowie bei der Registrierung von Fehlern in Monitoring-Systemen oder aber auch bei Anbindungen von 3rd-Party-Dienstleistern werden Incidents in einem Tool, wie z.B. HP Service Manager oder BMC Atrium automatisch generiert und den zuständigen Bearbeitungsgruppen zur Entstörung zugewiesen.

Dies ist dann eine Voraussetzung für eine erweiterte Automatisierung. Durch die automatische Störungsdokumentation können im Falle von bekannten Fehlern Entstörungsprozeduren vorgenommen werden. Dies setzt neben dem Incident Management auch ein Problem Management mit einer hinterlegten Known Error Datenbank voraus. Damit kann der wesentliche Zeitverlust zwischen Fehlereintritt und Fehlererkennung vermieden und die Auswirkung von Störungen reduziert werden. Eine direkte positive Auswirkung auf die geleistete Servicequalität kann nachweislich durch ein geordnetes Berichtswesen erbracht werden. Hier können KPIs angesetzt werden, wie die Berechnung mittleren Betriebsdauer bis zum Ausfall, also dem MTTF (Mean Time To Failure), aber auch der MTBF (Mean Time Between Failures) oder der MTTR (Mean Time To Recover).

Hinterlegte Entstörungsprozeduren sind ein wichtiger Garant um einen hohen Automatisierungsgrad zu erreichen. Im Falle von automatisch generierten Incidents aus Monitoring-Systemen wird mit Schlüsselwörtern gearbeitet.

Wird bei der Incident Ticket Erstellung erkannt, dass anhand der Schlüsselwörter bekannte Fehler in der Known Error Datenbank hinterlegt sind, können die Entstörungsprozeduren gestartet werden. Melden die Monitoring-Systeme die Behebung der Störung an das Service Support Tool zurück kann anschließend das Incident Ticket automatisch geschlossen werden.

Es können schon durch einfache Scripte Entstörungsprozeduren ausgelöst werden, wie z.B. das Restarten eines Windows-Systemdienstes oder eines Servers. Auch das Löschen eines Caches oder Ähnliches kann, wenn es zur Entstörung beiträgt, angedacht werden.

Die Prozeduren können beliebig komplex sein. Daher ist das Abwägen zwischen Nutzen, Risiken und Gefahren notwendig. Auch die Umsetzungskosten müssen in Bezug zum Nutzen gebracht werden. Diese Bewertung ist wichtig und wird in den folgenden Kapiteln behandelt.

Die Automatisierung einer Entstörungsprozedur für ein Incident Management System bringt erhebliche schnellere Wiederherstellungszeiten mit sich. Service Levels werden eingehalten und die Entstörung wird in wenigen Sekunden durchgeführt. Hier werden Durchlaufzeiten geschaffen, die manuell durch Administratoren nicht erreicht werden können.

In dem folgendem Workflow wird der Restart eines Windows-Systemdiensts dargestellt. Die Voraussetzung für den Workflow ist, dass ein Monitoring-System zur Überwachung eines Servers und dessen Software etabliert wurde. Ein Incident Management System mit einer integrierten Known Error Database auf Basis einer SQL-Datenbank, sowie Schnittstellen-Software zur Ausführung von Operationen ist implementiert:

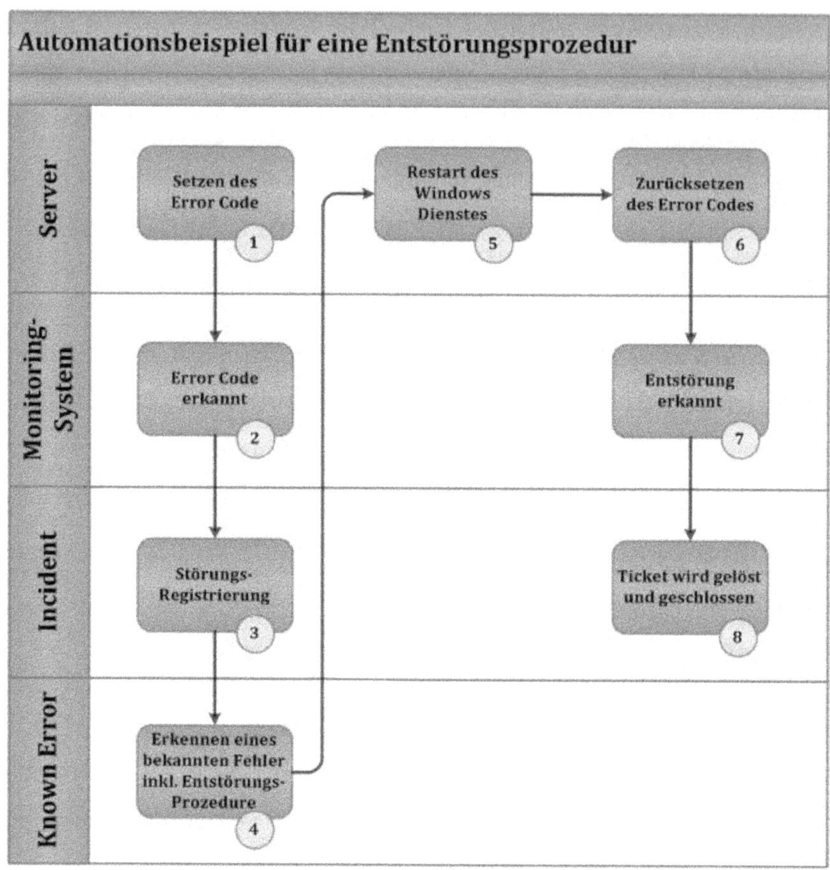

Abbildung 6: Ablauf der Entstörungsprozedur

(1) Eine installierte Software auf einem Windows Server stellt einen Konnektivitätsmangel fest und schreibt dahin in einer spezifischen Log-Datei einen Error Code

(2) Ein Monitoring-System überwacht in regelmäßigen Intervallen den Server und stellt den Error Code in der Log-Datei fest. Aufgrund der Monito-

ring-System Definition ist das System angewiesen dem Incident Management ein Event zu übermitteln

(3) Das Incident Management generiert aus dem Event ein neues Incident Ticket

(4) Nach der Erstellung des Tickets werden die Ticket-daten mit der Known Error Datenbank abgeglichen. Es wird eine Übereinstimmung erkannt

(5) Die hinterlegte Entstörungsprozedur ist ein Server-Batch zum Restarten eines spezifischen Windows-Systemdiensts der installierten Software. Dieses Batch wird ausgeführt. Caches werden gelöscht und der Systemdienst wird gestoppt und neugestartet

(6) Die Software setzt den Error Code wieder zurück

(7) Das Monitoring-System meldet anhand eines Events dem Incident Management zu dem erstellten Incident Ticket eine Wiederaufnahme des normalen Arbeitsbetriebes

(8) Auf Grund der Event Informationen wird das Incident Ticket mit einem Lösungs-Code und einem Text aus dem Error Code versehen und die Datenbank-Einträge automatisch assoziiert. Anschließend wird das Incident Ticket geschlossen

Zusammenfassung der Vorteile

Eine vollautomatische Entstörung bringt erhebliche Vorteile mit sich, wie die Gesamtdokumentation der Störung und Entstörung, Reduktion der Durchlaufzeiten, Präventive Entstörung, Reduktion der involvierten Mitarbeiter und anfallenden Kosten, sowie die Steigerung der Servicequalität.

Auch die Gesamtdokumentation in dem verwendeten Service Support Tool anhand von Incident Ticket und Known Error sind maßgeblich für das Berichtswesen. Die Reduktion von Durchlaufzeiten bis zur vollständigen Wiederaufnahme eines geordneten IT-Betriebes ist für den Geschäftsbetrieb und das Einhalten von Vereinbarungen in Service Level Agreements wichtig. Je nach Störungstyp kann auch von einer präventiven Entstörung ausgegangen werden, d.h. die Störung wurde im Hintergrund behoben. Die betroffenen Services haben jedoch keinen Ausfall wahrgenommen und konnten 100 % ihrer Leistung zur Verfügung stellen. Durch die Dokumentation, die präventiven Maßnahmen und die Reduktionen von Durchlaufzeiten und Mitarbeitern ergibt sich zwangsläufig auch eine Reduktion der IT-Betriebskosten.

Alles zusammengenommen führt zu einer Steigerung der Servicequalität und des Automatisierungs-Reifegrades.

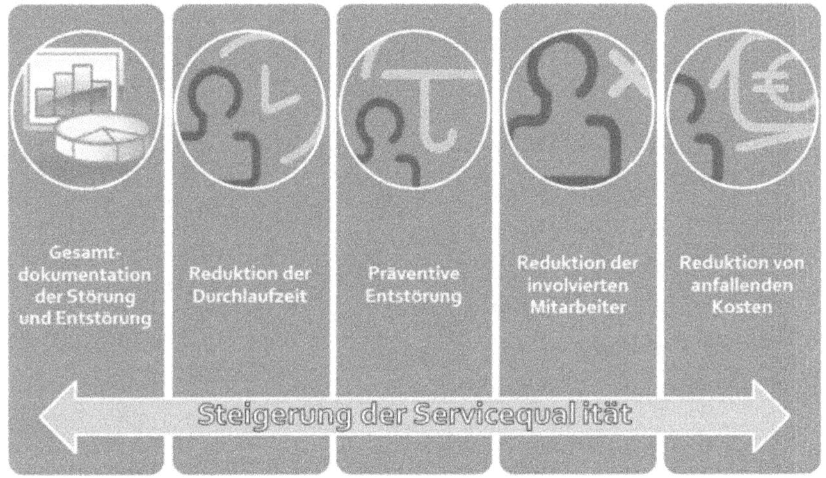

Abbildung 7: Automatische Entstörungsprozedur - Zusammenfassung

9.2 Proaktive Change Vor- und Nachbereitung

Ein implementierter Change Management Prozess mit einem Prozess-unterstützendem Tool bietet viele Möglichkeiten der Automatisierung. Changes müssen als Change Record über das prozessunterstützende Tool registriert, freigegeben, nachverfolgt und durchgängig dokumentiert werden. In jeder Lebenslage eines Change Records können daher vor- und nachbereitende Tätigkeiten durch Automatisierungen unterstützt werden.

Ein gutes Beispiel hierfür ist die Eintragung der im in dem Change Record hinterlegten und betroffenen CIs während der Implementierungsphase in dem Maintenance-Container des Monitoring-Systems. Dies verhindert, dass während der Downzeiten oder das Wegfallen Überwachten Windows-Systemdiensten unnötige Incident Tickets im Prozess unterstützenden Tool automatisch eröffnet werden. Dieses Eingreifen automatisiert den Change Management Prozess-konformen Vorgang und setzt Change Aufgaben sicher um. Nach der erfolgreichen Durchführung der Implementierung können dann die CIs wieder aus dem Maintenance -Container für den normalen Regelbetrieb ausgetragen werden.

Im folgenden Workflow wird das Beispiel für eine proaktive Change Vor- und Nachbereitung dargestellt:

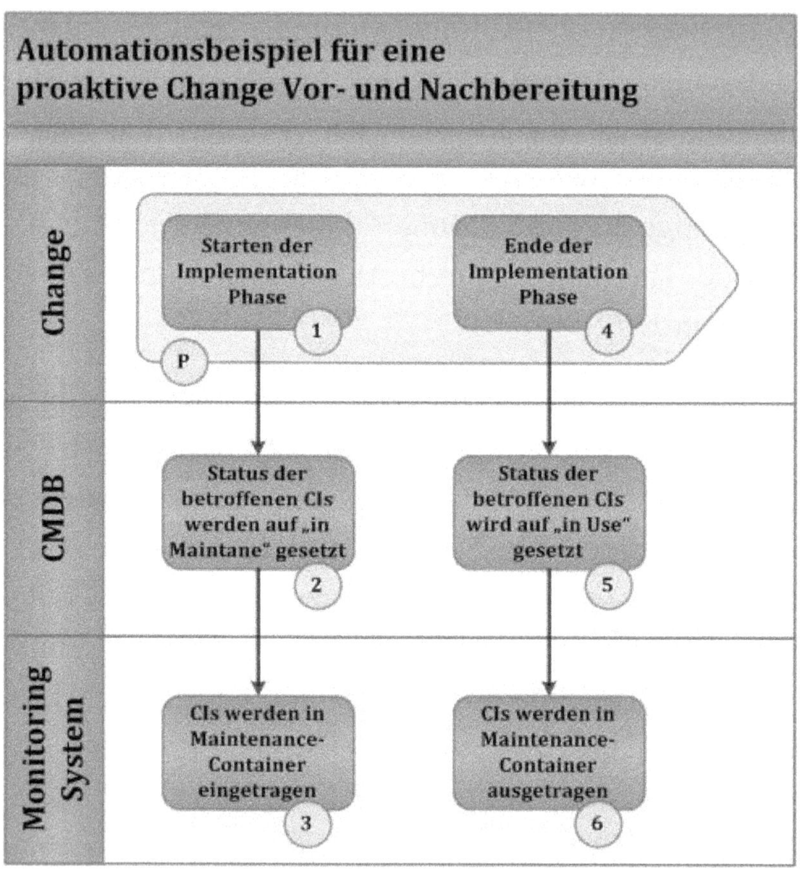

Abbildung 8: Automatisierungsbeispiel Change

(1) Die Implementierung an den betroffenen Servern, wie im Change Rekord dokumentiert und beschrieben, wird durchgeführt

(2) Der Status der betroffenen CIs wird in der CMDB auf Wartung gesetzt

(3) Die betroffenen CIs werden in den Maintenance-Container des Monitoring-Systems eingetragen

(4) In der Implementierungsphase ist die Umsetzung abgeschlossen

(5) Der Status der betroffenen CIs wird in der CMDB wieder aktiv geschaltet

(6) Die betroffenen CIs werden in den Maintenance-Container des Monitoring-Systems ausgetragen

- P steht für Phase und ist ein Teilabschnitt des umzusetzenden Changes. Der Start- und Endzeitpunkt der Phase soll die anstehenden Automatisierungsschritte einleiten.

9.3 Catalogue Services

Einen hohen Automatisierungsgrad, Optimierungspotenzial und Transparenz aller Beteiligten eines Vorgangs für Standardleistungen bietet die Verwendung eines technischen Catalogue Services (Katalogservices). Die Steigerungen liegen in der Automatisierung der Aufgabendurchführung, Ergebniserfassung und Informationsweiterleitung. Anhand eines Web-Portals können autorisierte Anwender Service Request beantragen. Standardleistungen können vielfältiger Natur sein. Von ‚Neuanlage von Usern‘ bis ‚zentrale Archivierung von Daten‘ können Leistungen als Standardleistung definiert werden. Es ist wichtig eine klare Unterscheidung zwischen dem Serviceportfolio und den Catalogue Services bzw. Katalogservices vorzunehmen:

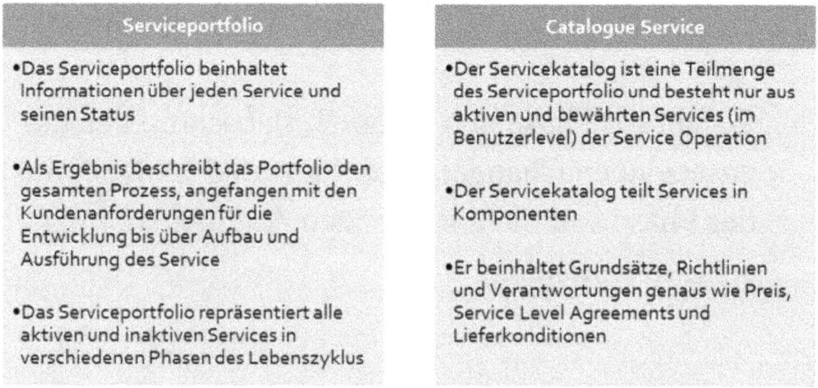

Serviceportfolio	Catalogue Service
•Das Serviceportfolio beinhaltet Informationen über jeden Service und seinen Status •Als Ergebnis beschreibt das Portfolio den gesamten Prozess, angefangen mit den Kundenanforderungen für die Entwicklung bis über Aufbau und Ausführung des Service •Das Serviceportfolio repräsentiert alle aktiven und inaktiven Services in verschiedenen Phasen des Lebenszyklus	•Der Servicekatalog ist eine Teilmenge des Serviceportfolio und besteht nur aus aktiven und bewährten Services (im Benutzerlevel) der Service Operation •Der Servicekatalog teilt Services in Komponenten •Er beinhaltet Grundsätze, Richtlinien und Verantwortungen genaus wie Preis, Service Level Agreements und Lieferkonditionen

Abbildung 9: Unterscheidung von Serviceportfolio und Catalogue Service

Für den Anwender werden nur die tatsächlich gültigen Serviceleistungen via Web-Portal angeboten. Der Anwender erhält nach Aufnahme eines Service Requests eine Bestätigung entweder im Portal selber oder via Email. Er kann damit den Fortschrittsstatus zeitnah verfolgen. Die eigentliche Automatisierung und Komplexität des Vorgangs bleiben dem Anwender verborgen und sind nur im Hintergrund vorhanden. Hier gibt es nun unterschiedliche Arten von Ansätzen für eine Automatisierung und der Steigerung des Automatisierungsgrades.

Nach erfolgter Genehmigung des Auftrages oder unmittelbar, da der Auftrag evtl. genehmigungsfrei oder auf Grund der Web-Portal Autorisierung bereits vorgenehmigt sein könnte, werden der Service Request und der Sub-Request automatisch in dem hinterlegten Tool angelegt. Nun können auf Grund des spezifischen Service Requests automatische Events an hinterlegte Management Systeme, sei es an ein Change Management System oder an ein Bestellsystem weitergeleitet werden. Auch Installationsscripte zur automatischen Betankung von Laptops und Clients können genauso angedacht werden. Ebenso wie die Anlage von neuen Anwendern in Referenz-Systemen oder einem Active Directory.

Interessant sind zum Beispiel Benutzerverwaltungsthemen, wie die Neuanlage, Passwortrücksetzung, Neugenerierung von Passwörtern, Rechteerweiterung oder FileSharing Zugriffe für Anwenderprofilen. Diese Themen entlasten im hohen Grad den Service Desk und die dafür vorgesehen Administratoren.

10. Nutzen und Vorteile

Der mögliche Nutzen der Prozessautomatisierung reicht über den reinen Abbau von Medienbrüchen und manuellen Aufwänden weit hinaus:

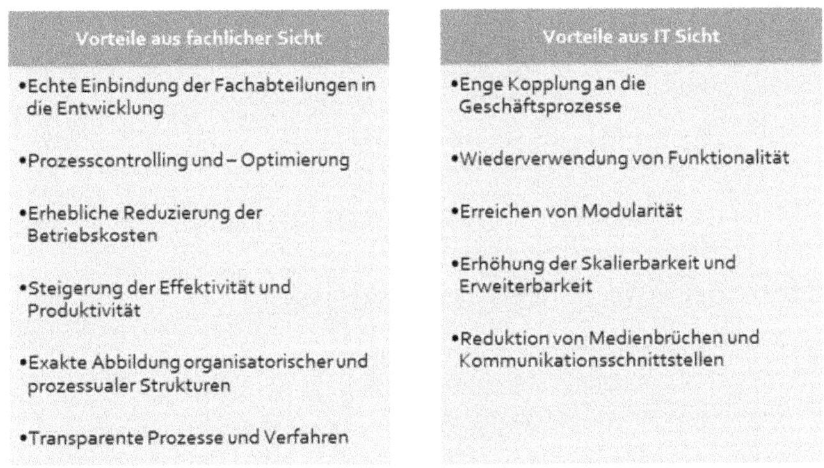

Abbildung 10: Aufzeigen von Vorteilen aus fachlicher und IT-Sicht

Durch Automatisierung entstehen kalkulierbare Services. Interne und gesetzliche Regularien werden eingehalten und die SLA-Fähigkeit wird hergestellt. Dadurch ergeben sich Einspar- und Optimierungspotenziale.

Die Automatisierung von Vorgängen und Prozessen ist folglich interessant und verlockend. Eine Automatisierung bringt aber neben Risiken, Gefahren und

Hindernisse auch Umsetzungs- und Pflegekosten mit sich. Daher ist das genaue Umsetzungsvorhaben einer Automatisierung zu prüfen und abzuwägen. Automatisierung um jeden Preis ist sicherlich nicht der richtige Ansatz.

11. Bewertung von Automatisierungsvorhaben

Typische Automatisierungskandidaten und die Möglichkeit ‚Quick wins' generieren zu können sind:

- Aktualisierung der CMDB-Inhalte
- Autoreaktionen bei Ereignissen
- Benutzerverwaltung
- Passwortverwaltung
- Windows-Systemdienst Restarts
- Server-Neustarts
- Updates und Patches

Wie und wo wird angefangen? Eine sinnvolle Vorgehensweise ist beispielsweise die gezielte Analyse und Bewertung der Vorhaben. Durch Kostensenkungshochrechnung werden folgende Punkte durchleuchtet und analysiert:

- Kostensenkung durch Automatisierung
- Anzahl der beteiligten Mitarbeiter reduzieren
- Automatisierung manueller Arbeitsschritte

Durch eine gezielte Analyse und das Herausstellen der Motivationsmerkmale kann ein bestehender Prozess/Vorgang als Kandidat für eine Automatisierung ermittelt werden.

11.1 Beispiel einer Bewertung

Als Beispiel wird das Thema ‚Neuer Anwender' durchleuchtet. Es wird davon ausgegangen, dass in dem IT-Betrieb verschiedene Genehmigungsstufen existieren. Außerdem muss der neue Anwender verschiedene Zugriffe auf Applikationen, Datenbanken und Netzlaufwerke erhalten um seine zukünftigen Arbeiten war nehmen zu können.

11.2 Beschreibung des aktuellen Vorgangs

Die Personalabteilung führt alle wesentlichen Merkmale der Mitarbeiter, wie Name, Bereichs- und Abteilungszuordnung, Kostenstellenzugehörigkeit, Funktion und weitere nicht IT-relevante Informationen, wie Geburtsdatum, private Anschrift und Gehalt. Wird ein neuer Mitarbeiter für einen Fachbereich eingestellt wird ein Laufzettel auf Basis einer Word-Vorlage ausgefüllt und in einem Verzeichnis gespeichert. Das Dokument wird anschließend ausgedruckt und mit der Hauspost an die interne IT-Abteilung weitergeleitet.

Laufzettel für neuen Anwender

Informationen zum neuen Mitarbeiter

Name Nachname Vorname Zweiter Vorname

Position Abteilung

Vorgesetzter

Zugriff auf Applikationen

☐ SAP ☐ CRM

☐ Zeiterfassung ☐ Trouble Ticket System

Zugriff auf Laufwerke

☐ Allgemein ☐ Abteilung

☐ Privat ☐ Projekt

Unterschrift

Name Nachname Vorname

Bitte in Druckbuchstaben!!!

Unterschrift Datum

Abbildung 11: Formular für einen Laufzettel

Ist der Laufzettel in der IT-Abteilung angekommen wird in der Regel am Morgen durch den ersten Mitarbeiter verteilt. Voraussetzung für die Neuanlage eines Users ist die Registrierung im Active Directory. Die IT-Mitarbeiter wissen um diese Voraussetzung. In der Regel kommt zuerst der Laufzettel bei den SAP- oder CRM Administratoren an. Nach einigem „Hin- und Her“, Telefonaten und Zurufen zu den Active Directory & Server Administratoren ist der neue User auch angelegt. Der Laufzettel wird in einer Runde in dem Großraumbüro der IT-Abteilung herumgereicht bis alle notwendigen Maßnahmen zur Anlage für einen neuen User durchgeführt wurden. Der letzte Mitarbeiter in der Verarbeitungskette heftet dann den Laufzettel in einen hierfür vorgesehenen Ordner ab.

Die Personalabteilung vertraut der IT-Abteilung und weiß, dass der Laufzettel in 3 bis 5 Tagen abgearbeitet ist.

In der Vergangenheit gab es immer wieder Probleme und Beschwerden im Umgang mit den Laufzetteln. Wenn ein Laufzettel verloren gegangen war, musste die Personalabteilung diesen erneut ausdrucken. Des Öfteren kam auch vor, dass die Anlage im Zeiterfassungssystem nicht durchgeführt wurde. Die Administratoren des Systems sitzen zusammen mit den Sicherheitsleuten am Empfang in einem separaten Büro. Daher kam es gelegentlich vor, dass die Zeiterfassungssystem-Administratoren vergessen wurden.

11.3 Analyse des Vorgangs

Die Erfassung des Vorgangs mittels der Erstellung eines Laufzettels erfolgt noch elektronisch. Mit dem Ausdruck wird jedoch sofort die Möglichkeit der Automation und einer adhoc-Auswertungsmöglichkeit genommen. Außerdem fehlen grundsätzliche Informationen auf dem Laufzettel, wie die einer eindeutigen Vorgangsnummer, einem Erfassungsdatum und die Möglichkeit, die einzelnen Positionen durch die Administratoren abzuzeichnen wenn diese erledigt sind. Auch die Möglichkeit, dass zu einem Vorgang eine Rückfrage erfolgen kann ist nur sehr schwer umsetzbar. Eine geordnete Rückmeldung und Erledigungs-Bestätigung an die Personalabteilung ist nicht vorgesehen und birgt erhebliche Gefahren. In der IT-Abteilung wird der Vorgang immer wieder unterschiedlich behandelt, so dass die Reihenfolge immer wieder anders ist. Abhängigkeiten sind bekannt – werden jedoch nicht berücksichtigt.

Kategorie	Merkmal	Wert
Involvierte Mitarbeiter	Mitarbeiter aus Personalabteilung	1
	Mitarbeiter aus der Postabteilung	1
	Active Directory - Administrator	1
	SAP-Admistrator	1
	CRM-Administrator	1
	Zeiterfassungs-Administrator	1
	Trouble Ticket - Administrator	1
Aufwand der Mitarbeiter	Mitarbeiter aus Personalabteilung	Ø 12 Minuten
	Mitarbeiter aus der Postabteilung	Ø 18 Minuten
	Active Directory - Administrator	Ø 15 Minuten
	SAP-Admistrator	Ø 20 Minuten
	CRM-Administrator	Ø 8 Minuten
	Zeiterfassungs-Administrator	Ø 5 Minuten
	Trouble Ticket - Administrator	Ø 16 Minuten
Zeiten	Liegezeiten	Ø 3,8 Personentage
	Bearbeitungszeiten (ohne Post)	Ø 1 Stunde 22 Minuten
	Gesamtzeit	Ø 4 Personentage
Grad der Automatisierung	Word-Vorlage	Formular
	Word-Ablage	Statische Datei
	Grad	Automatisierung fast nicht vorhanden
Grad der Standardisierung	Word-Vorlage	Vorgegebenes Formular
	Vorgang bekannt	
	Grad	Gering mit hohen Optimierungspotenz

Abbildung 12: Mengengerüst der Analyse

11.4 Motivation für eine Prozessautomation

Aufgrund der Analyse ergeben sich multiple Ansatzpunkte für eine Automation. Die wesentliche Motivation um den Vorgang zu optimieren und automatisieren ist aber die Reduktion der sehr langen Durch- und Liegezeiten und eine deutliche Reduktion der anfallenden Kosten. Die unterschiedlichen Ansatzpunkte können auch so gestaltet werden, dass weitere Vorgänge und Prozesse von den Umsetzungsmaßnahmen profitieren können.

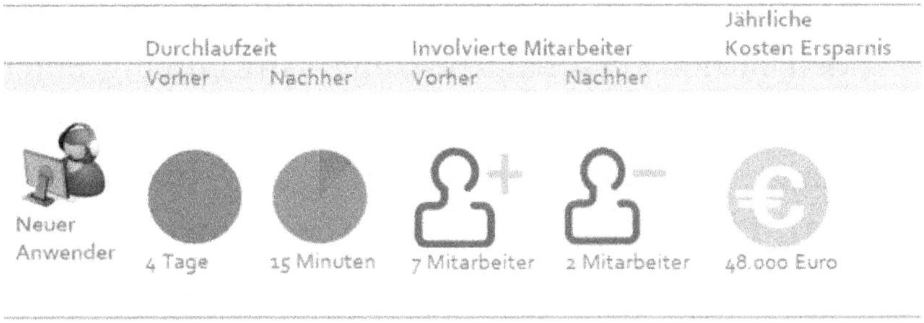

	Durchlaufzeit		Involvierte Mitarbeiter		Jährliche Kosten Ersparnis
	Vorher	Nachher	Vorher	Nachher	
Neuer Anwender	4 Tage	15 Minuten	7 Mitarbeiter	2 Mitarbeiter	48.000 Euro

Abbildung 13: Motivationen für eine Automation

Die jeweilige jährliche Kostenersparnis wird durch eine Hochrechnung ermittelt und kann je nach Unternehmens- und IT-Betriebsgröße variieren.

11.5 Umsetzungsplan

Der IT-Betrieb wird vom Personalvorstand aufgefordert Maßnahmen zur Verbesserung der Ab- und Verarbeitung von neuen Anwendern zu entwiickeln und umzusetzen.

Eine geplante Projektierung sieht folgendes vor:

- Aus der Personalerfassungs-Anwendung wird anhand einer XML-Schnittstelle direkt im Service Support Tool ein Standard Change initiiert. Ein Mitarbeiter aus der Personalabteilung muss nur noch in der Personalerfassungs-Anwendung einen Button drücken und springt sofort auf ein Standard Change-Formular. Mit Hilfe der hinterlegten XML-Daten wird das Formular autovervollständigt. Alle weiteren Optionen können dann individuell vorgenommen werden. Mit dem Abschließen der Erfassung werden automatisch vor- und nachbereitende Tätigkeiten durchgeführt:

    - Ein Script legt automatisch einen neuen Anwender im Active Directory an und erweitert die Berechtigungen für die notwendigen Netzlaufwerke.

- Danach werden jeweils durch ein weiteres Script in dem Service Support Tool und in der Zeiterfassungs-Anwendung ein Standard-Account für den neuen Anwender angelegt und die Default Active Directory Daten zur Aktivierung herangezogen.
- Ein Default-Anwender wird im SAP-System durch ein Script angelegt und auf ‚deaktiviert‘ gesetzt. Ein Task auf Basis des Standard Change wird erstellt, aktiviert und eine E-Mail als Aufforderung zur Nacharbeit an den Verteiler der SAP-Administratoren geschickt. Nach getaner manueller Arbeit muss der ausführende SAP-Administrator die Task schließen.

- Parallel zur ersten Task wird eine weitere Task mit den Daten für das CRM-System erstellt. Eine E-Mail wird an die CRM-Administratoren als Aufforderung zur Abarbeitung gesendet. Die Anlage im CRM-System wird durch eine XML-Datenanlage analog wie bei der Erstellung des Standard Changes unterstützt.

- Nach der Abarbeitung des letzten offenen Tasks wird der Standard Change automatisch geschlossen. Die Personalabteilung und der Abteilungsleiter des neuen Mitarbeiters werden via E-Mail informiert.

11.6 Zusammenfassung

Quell-System	Ziel-System	Bemerkung	Automation
Personal-Erfassungs-Anwendung	Service Support Tool	Standard Change ‚Neuer Anwender' wird ausgeführt	Halbautomation
Service Support Tool	Active Directory	Script zur Anlage und Berechtigung wird ausgeführt	Vollautomation
Service Support Tool	Service Support Tool	Neuer Anwender wird auf Basis von Active Directory Freigabe angelegt	Vollautomation
Service Support Tool	Zeiterfassungs-Anwendung	Neuer Anwender wird auf Basis von Active Directory Freigabe angelegt	Vollautomation
Service Support Tool	SAP	Neuer Anwender wird vorbereitend angelegt; Nacharbeiten müssen manuell durchgeführt werden; in einem spezifischen Task muss das Arbeitsergebnis dokumentiert werden	Halbautomation, da die Umsetzung zu komplex und schwierig ist
Service Support Tool	CRM	Neuer Anwender wird erst durch Integrations-Button teilangelegt; weitere Maßnahmen müssen manuell durchgeführt werden; in einem spezifischen Task muss das Arbeitsergebnis dokumentiert werden	Halbautomation, da die Umsetzung zu komplex und schwierig ist

Abbildung 14: Zusammenfassung der Umsetzungsmaßnahmen

Das Service Support Tool mit dem integrierten Change Management Modul kontrolliert und steuert den Prozess. Hinterlegte Skripte und Schnittstellen sorgen für die Maßnahmen in den anderen Anwendungen und Systemen. Alle Informationen werden zentral gehalten. Jederzeit können Nachfragen zum aktuellen Status durchgeführt werden, da anhand einer eindeutigen Change Nummer sofort im Service Support Tool nachgeschaut werden kann. Ein geordnetes Eskalationsverfahren und Berichtswesen sorgen für die schnelle Umsetzung und Kontrolle des Prozesses.

12. Bewertungsmethode

Die unterschiedlichen Automatisierungskandidaten können in einer PSA-Methode (*engl.: Potential use Score Analysis Method*) erfasst und bewertet werden. Die PSA-Methode ist eine Kombination aus einem gezielten Assessment der Kandidaten und einer Auswertung der Daten mit Hilfe einer Kosten-Nutzen-Analyse. Die PSA-Methode gibt Aufschluss über den tatsächlichen Nutzen und der damit verbunden Kosten. Auch eine Nachbetrachtung der Ergebnisse nach einer erfolgreichen Automatisierungsumsetzung kann optional mitbetrachtet werden.

Das Ergebnis der PSA-Methode gibt den entscheidenden Anstoß zur Umsetzung oder nicht Umsetzung eines Projektes, zur Priorisierung und weitergehenden Argumentationsunterstützen für Kandidaten. Damit lässt sich auch das ‚Wie und Wo' besser eingrenzen.

Der entscheidende Vorteil bei der Anwendung der PSA-Methode ist die Ermittlung von möglichem Automatisierungspotenzial in Vorgängen und Prozessen. Aber auch die Vermeidung von unnötigen Projektvorhaben zur Prozessautomation bei einem ungünstigen Kosten-Nutzen Verhältnis können enorme IT-Kosten einsparen. Automatisch ergibt sich hierdurch eine relative Sicherheit für die angestrebten Ziele und eine Reduktion von IT-Kosten und manuellen Aufwänden.

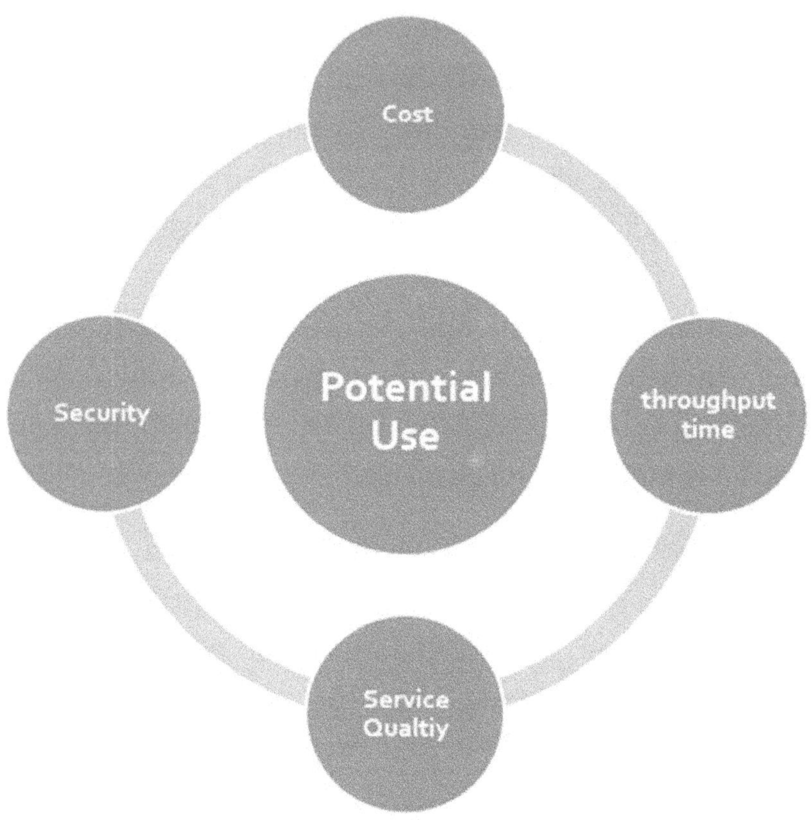

Abbildung 15: Zusammenstellung Potential use Score

Vor dem Ergebnis der Analyse müssen Einzelbewertung (Assessment) für die Themen Durchlaufzeiten *(engl. throughput time)*, Kosten, Servicequalität und Security Management abgegeben werden. Dies ist nicht unbedingt einfach. Es ist sinnvoll für einen Automatisierungskandidaten einen runden Tisch zu bilden um mit den unterschiedlichsten Experten die Möglichkeiten zu erörtern und eine Bewertung durchzuführen. Die Kandidaten können sich über unterschiedliche Bereiche bewegen, wie z.B. spezifische Anwendungen, Datenbanken, Netzstrukturen, Server bis hin zu 3rd Party Dienstleister.

Jedem der vier Themen können insgesamt 25 Score-Punkte zugeordnet werden. Die Punkte sind von 0 – 25 in 5er Paketen gegliedert und geben einen Status bzw. eine bestimmte Beschreibung wieder. Die 25 Punkte können granular vergeben werden um ein exaktes Ergebnis auszuarbeiten. D.h. es müssen nicht 0, 5, 10, 15, 20 oder 25 Punkte vergeben werden, sondern es können auch Zwischensummen vergeben werden. Zum Beispiel gibt es bei dem TT-Score (Durchlaufzeiten, throughput time) den Status/Beschreibung ‚Keine bis geringe Durchlaufzeiten‘. Dieser Wert hat eine Range von 20 bis 25 Punkte zu vergeben und würde einem ‚sehr gut‘ gleichkommen. Wenn nun 25 Punkte gesetzt werden liegt die Durchlaufzeit bei praktisch null. Bei 20 Punkten knapp zum Übergang zu nächsten Range. 21, 22, 23 und 24 können nun verwendet werden um die Durchlaufzeit exakt von Null-Zeit bis Gering festzulegen.

Alle vier Themen ergeben zusammen den Potential Use Score. Der höchste Wert liegt bei 100 Punkten und kann mit 100%-Nutzen gleichgesetzt werden.

Potential Use Score	
Value-Range	**Beschreibung**
80 bis 100	Sehr hohes Nutzen-Potential
60 bis 79	Hohes Nutzen-Potential
40 bis 59	Normaler Nutzen-Potential
20 bis 39	Geringer Nutzen-Potential
0 bis 19	Keinen bis geringer Nutzen-Potential

Abbildung 16: Potential Use Score Range

12.1 Eingliederung im ITIL-LifeCycle

Prozessautomationen entstehen aus Anforderungen, Verbesserung von Services, erkannten Problemen oder Fehlern. Um die Methode und das prozessuale Vorgehen der Bewertung in den bekannten ITIL-LifeCycle-Rahmen zu übertragen, muss man sich zuerst ein Gesamtbild im Unternehmen und vom IT-Betrieb verschaffen. Dies dient auch als Voraussetzung, um für die Workshops und Interviews mit den richtigen Experten und Prozessmanagern/Ownern durchzuführen, sowie folglich die Befragung und Aufnahme der Informationen thematisch richtig und zielführend zu behandeln.

Ist die Methode angepasst auf das Unternehmen und das prozessuale Vorgehen etabliert, wird empfohlen die PSA-Methode als festen Bestandteil des ITIL-LifeCycle zuzuordnen. Siehe hierfür auch den Ansatz der Methode in der Abbildung 17: ITIL-LifeCycle mit integrierter Methode:

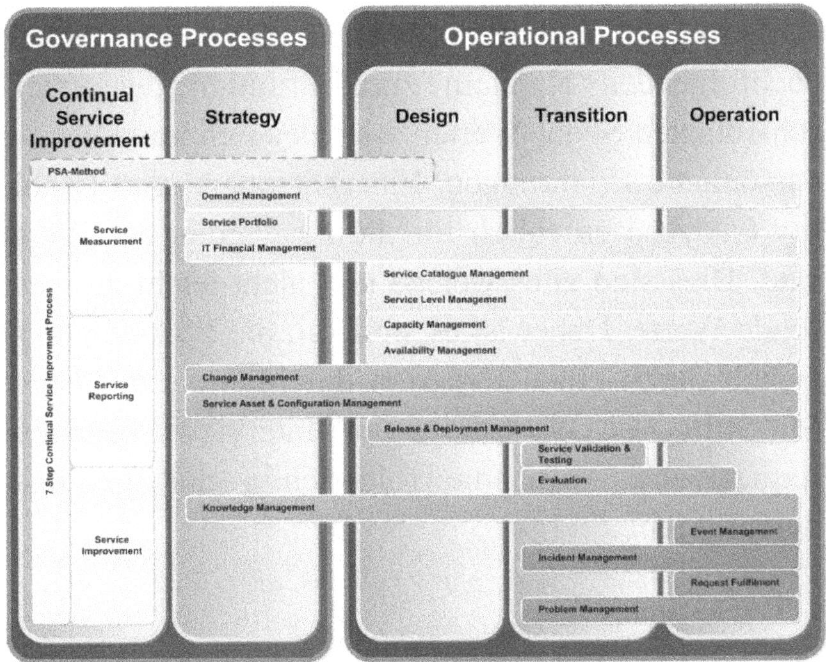

Abbildung 17: ITIL-LifeCycle mit integrierter Methode

Die PSA-Methode ist integraler Bestandteil in den LifeCylce-Phase Continual Service, Strategy und Design Phase. Den ersten Ansatz zur Ausführung ist in der Phase Strategy. Daher ist der Balken der Methode über den beiden Phasen Strategy und Design eingezeichnet.

Wichtig ist es, dass neben der Erhebung der Daten die Experten, Manager und Owner in den unterschiedlichen Prozessen mit einbezogen werden. Eine Einschätzung anhand von Kennzahlen aus dem Service Reporting allein würde zum Misserfolg führen. In den nachfolgenden Kapiteln zur Definition der unterschiedlichen Score-Werten wird deutlich, dass gerade persönliche Erfahrungen, Einschätzungen und Usability-Faktoren erheblich für die Festlegung der Werte sind. Dies sind alles weiche und nicht leicht zu messende Werte. Daher ist es sinnvoll, die PSA-Methode gezielt durch einen Experten durchführen zu lassen. Mit Hilfe von Workshops und Interviews kann der Experte die Aufnahme folgerichtig und geordnet durchführen.

Die PSA-Methode sieht daher folgende Schritte in der prozessualen Folge in der Strategy- und Designphase vor:

- Vorbereitung und Terminierung der Assessments
- Durchführung von Assessments in Form von Workshops und Interviews
- Verdichtung und Auswertung der Informationen aus den Assessment
- Verarbeitung der Daten in Methoden-Model und Aufbereitung des PSA-Methoden-Berichts
- PSA-Audit mit dem Management

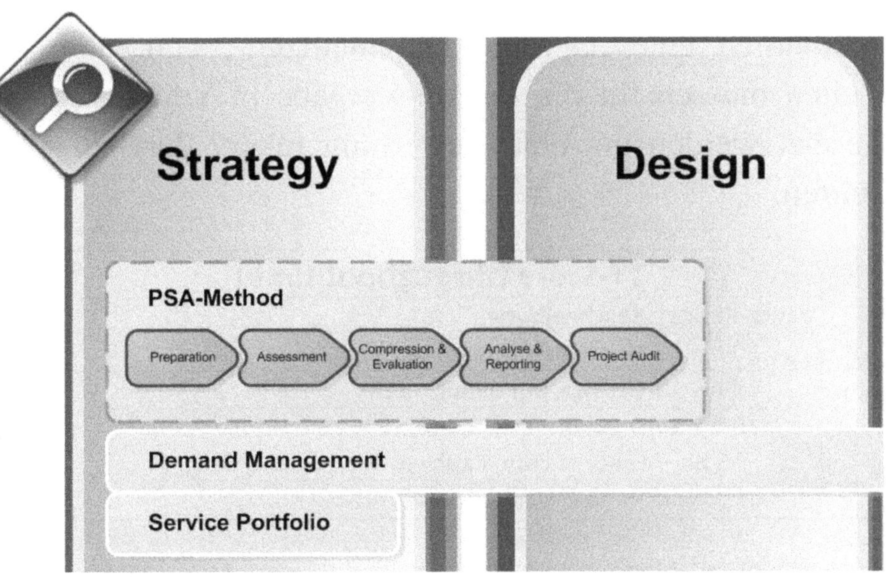

Abbildung 18: Prozessschritte der Methode

12.2 TT-Score - Festlegung der Durchlaufzeiten

Auf Grund der zu bewerteten Themen ist eine exakte Definition der Durchlaufzeiten wichtig. Was bedeutet zum Beispiel ‚Geringe Durchlaufzeit'? Bei 5 Minuten Dauer eines Vorgangs können verschiedene Maßstäbe angesetzt werden. Bei einer Job-Transaktion oder beim Senden einer automatisch generierten Email sind 5 Minuten Dauer eine sehr lange Zeit und sollten eigentlich zu ‚Erhöhte Durchlaufzeiten' zugeordnet werden. Hingegen bei einer manuellen Tätigkeit, wie bei einem Review eines Auditors oder Problem-Vergleich eines Incident Analysten sind 5 Minuten vermutlich eine ‚Geringe Durchlaufzeit'. D.h. alle Zeiten müssen für die Punkte-Vergabe in Verhältnis gesetzt werden um eine Bewertung relativ durchzuführen.

TT-Score (throughput time)	
Value-Range	**Beschreibung**
20 bis 25	Keine bis geringe Durchlaufzeiten
15 bis 19	Geringe Durchlaufzeiten
10 bis 14	Durchschnittliche Durchlaufzeiten
5 bis 9	Erhöhte Durchlaufzeiten
0 bis 4	Hohe Durchlaufzeiten

Abbildung 19: TT-Score Range

12.3 Cost-Score - Geplanten Kosten

Der Cost-Score orientiert sich an dem Einsparpotential der zu erwartenden Automation und an den laufenden Kosten. Wenn das vorangegangen Beispiel mit den Laufzetteln herangezogen wird liegt der aktuelle Cost-Score bei der Größe des anzunehmenden IT-Betriebs vielleicht bei ca.6 bis 7 Score Punkten und entspricht einem Status bzw. Beschreibung von ‚Erhöhten Kosten'. Nach erfolgreicher Projektierung und dann folgenden Automatisierung für den Vorgang ‚Neuer Anwender' betragen die jährlich laufenden Kosten vielleicht 8.000 €, so dass der Score bei 14 Score Punkten eingeordnet währe.

Die laufenden Kosten setzten sich dann zusammen aus Hard- und Softwarekosten bzw. Lizenzkosten, Personalkosten, Kosten für Räumlichkeiten und Kosten für externe Services, wie z.B. bei Wartungskosten. Dies kann durch das Accounting (Kostenrechnung) ermittelt werden um die Kostenarten zu klassifizieren, sowie für Zuordnung von direkten und indirekten Kosten vorzunehmen.

Diese Kosten sind nicht in die Projekt- bzw. Umsetzungskosten für die Automatisierung einzurechnen.

Der Cost-Score muss wie auch der TT-Score ins Verhältnis zur Größe des IT-Betriebs gesetzt werden. Die laufenden Kosten bei großen Unternehmen sind in der Regel wesentlich höher als in einem kleineren Unternehmen in dem eine Vielzahl der IT-Tätigkeiten von einem Administrator mitgetragen werden.

Cost-Score	
Value-Range	**Beschreibung**
20 bis 25	Keine bis geringe Kosten
15 bis 19	Geringe Kosten
10 bis 14	Durchschnittliche Kosten
5 bis 9	Erhöhte Kosten
0 bis 4	Hohe Kosten

Abbildung 20: Cost-Score Range

12.4 SQ-Score - Festlegung der Servicequalität

Die Servicequalität ist ein hohes Gut. Sie setzt sich aus verschiedenen Merkmalen zusammen und Werten einen IT-Service entweder auf ober ab:

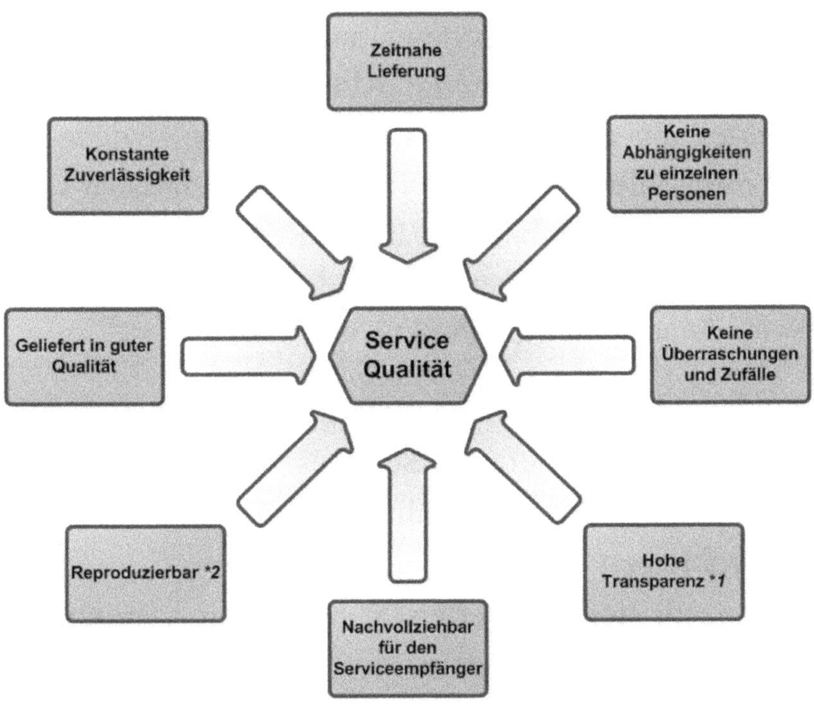

- **1 Hohe Transparenz durch Status-Mitteilungen, ob in einem System, Email oder Telefonanruf (Auskunftsverfahren)*
- **2 Reproduzierbar, geliefert immer auf die gleiche Art und Weise*

Abbildung 21: Zusammensetzung der Servicequalität

Automatisierungsvorhaben zu bewerten ist schwierig. Erst muss auf Grund einer vorangegangen Analyse die aktuelle Wahrnehmung der Serviceempfänger und –Lieferanten bewertet werden. Die Entscheidungen sind oft subjektiv. Es liegt aber in der Natur der Sache, dass eine negative Erfahrung die meist positiven überschattet. Aber für ein erstes Indiz und eine erste Beurteilung sind Interviews und Nachfragen wichtig für die erste Einordnung. Alle anderen Punkte zur Beurteilung der Servicequalität sind dann wiederum präziser, sofern sie nachvollziehbar und messbar sind. Mess- und bewertbar sind in der Regel die in der Abbildung 21: Zusammensetzung der Servicequalität auf Seite 79 aufgeführten Punkte, wie

- Anzahl der zeitnah gelieferten Services / Anzahl der zu spät gelieferten Services
- Anzahl der durchgeführten Services ohne / mit Problemen
- Anzahl der gelieferten Services mit vereinbarter Qualität / mit Mängeln
- Anzahl der gelieferten Services mit / ohne Abweichungen im dokumentierten Serviceverlauf
- Servicelieferanten und Serviceempfänger werden über alle Status informiert

Die Festlegung des SQ-Scores ist daher auch eine Ermessenssache, wie sich ein Automatisierungsvorhaben auf die Servicequalität auswirkt. Status-Emails und vollautomatisierte Vorgänge sind sicherlich ein Garant zur Steigerung der Servicequalität. Jedoch können Workarounds bei Umsetzungsschwierigkeiten der Vorhaben, eine mangelnde Aufklärung der Serviceempfänger und der involvierten Servicelieferanten, versäumte Schulungsmaßnahmen oder Wartungsarbeiten die erhoffte Servicequalität mindern.

SQ-Score (Servicequality)	
Value-Range	**Beschreibung**
20 bis 25	Die Servicequalität wird ausgezeichnet.
15 bis 19	Die Servicequalität wird auf gutem Niveau sein.
10 bis 14	Die Servicequalität wird gut messbar und auf normalen Niveau sein.
5 bis 9	Die Servicequalität wird wahrnehmbar messbar, aber auf niedrigen Niveau sein.
0 bis 4	Es wird keine bis geringen Servicequalität geben.

Abbildung 22: SQ-Score Range

12.5 SEC-Score - Security Management Levels

Der Grundsatz des Security Managements, interne Security-Richtlinien und das regelmäßige Prüfen und Beobachten weisen ein geordnetes Security Management aus.

Abbildung 23: Grundsatz des Security Managements

Im vorangegangen Beispiel mit den Laufzetteln wurde gegen viele Security-Richtlinien verstoßen. Laufzettel verstoßen sehr schnell gegen Vertraulichkeit und Integrität. Laufzettel können in der Hauspost durchgelesen werden. Sind die Inhalte vertraulich, so können jederzeit auch unautorisierte Personen wichtige Inhalte lesen oder sogar verändern. Informationen auf Laufzetteln sind nicht jederzeit verfügbar und sind auch schon verloren gegangen. Die Daten werden theoretisch redundant in einem Netzwerkverzeichnis und ausgedruckt in einem Ordner verwahrt, aber eine tatsächliche Archivierung und Historisierung der Daten erfolgt nicht. Daher würde der SEC-Score für das Beispiel bei maximal 3 oder 4 Punkten liegen. Nach dem geplanten Autorisierungsvorhaben wird der erwartete SEC-Score bei mindesten 15 Score Punkten angesetzt.

SEC-Score (Security Management)	
Value-Range	**Beschreibung**
20 bis 25	Das Security Management wird voll ausgeschöpft.
15 bis 19	Die Securitymaßnahmen werden auf gutem Niveau sein.
10 bis 14	Die Security Richtlinien werden eingehalten, könnten jedoch verbessert werden.
5 bis 9	Die erste Security-Maßnahmen werden berücksichtigt.
0 bis 4	Es gibt keine Sicherheit und das Security Management wird nicht berücksichtigt.

Abbildung 24: SEC-Score Range

12.6 Festlegung der Projekt- und Umsetzungskosten

Nach der Ermittlung zukünftiger Score-Werte sind die Kosten der Automatisierungsvorhaben entscheidend für eine Realisierung. Im Rahmen eines Projektes können viele unterschiedliche Kosten entstehen. Interne und externe Dienstleistungskosten, Hardwarebeschaffungs- und Softwarelizensierungskosten, Infrastrukturkosten und vieles mehr. Die Aufsummierung dieser Kosten ergibt die allgemeinen Projektkosten. Diese Kosten müssen mit dem erwarteten Nutzen verglichen werden, um eine Umsetzungsaussage treffen zu können.

Es werden in dem Bewertungs-Beispiel keine Großprojekte eingeschätzt, sondern Einzelprojekte im normalen Umfang. Großprojekte sollten in der PSA-Methode granula in Teilprojekten und Abschnitten dargestellt werden. Erst durch die Betrachtung der einzelnen Teilprojekten und Blick auf das Ganze können weitere Optimierungsansätze für das Großprojekt erkannt werden.

12.7 Zusammenfassung der Automatisierungs-Vorhaben

In dem vorangegangenen Beispiel mit dem Laufzettel wurden folgende Zahlen ermittelt. Diese werden in der Tabelle zur Ermittlung des Kosten/Nutzen Verhältnis benötigt:

Projekt ID	P1
Projekt Name	New User / Neuer Anwender
Cost-Score	19
TT-Score (Durchlaufzeiten)	24
SQ-Score (Servicequalität)	20
SEC-Score (Security/Sicherheit)	22
Potential use Score	85
Project Cost	46000

Abbildung 25: Ermittelte Zahlen von Neuer Anwender

In der nachfolgenden Abbildung 26: Potential Use Score Analysis auf Seite 87 werden in eine Tabelle alle Score-Ergebnisse eingetragen inklusive der veranschlagten Projektkosten. Weitere sieben hypothetische Beispiel-Projekte zur besseren Darstellung wurden bereits eingetragen.

Potential Use Score Analysis							
ID	Project	Cost-Score	TT- Score	SQ-Score	SEC-Score	Potential use Score	Project Cost
P1	**New User**	**19**	**24**	**20**	**22**	**85**	**46.000 €**
P2	Password Management	12	12	5	12	36	16.000 €
P3	Server-Restarts	20	25	5	12	57	38.000 €
P4	Autoreaction1	15	25	5	12	52	22.000 €
P5	Autoreaction2	12	8	5	12	32	55.600 €
P6	CM Mgmt 1	10	18	5	12	40	42.000 €
P7	CM Mgmt 2	20	25	5	12	57	78.000 €
P8	CM Mgmt 3	10	60	5	12	82	8.000 €

savings potential (Cost-Score and TT-Score)

Abbildung 26: Potential Use Score Analysis

12.8 Darstellung und Aussage der PSA-Methode

Das Diagramm in der Abbildung 27: Potential use Score Diagram auf Seite 89 zeigt alle acht Projekte (P1 – P8) mit ihren Potential Use Score im Bezug zu den anfallenden Projektkosten. Durch das blaumittige Kreuz werden vier Quadranten erzeugt. Die vier Quadranten haben unterschiedliche Aussagekraft. Die Zuordnung der Projekte zu den Quadranten gibt Aufschluss über den tatsächlichen Nutzen und die veranschlagten Kosten.

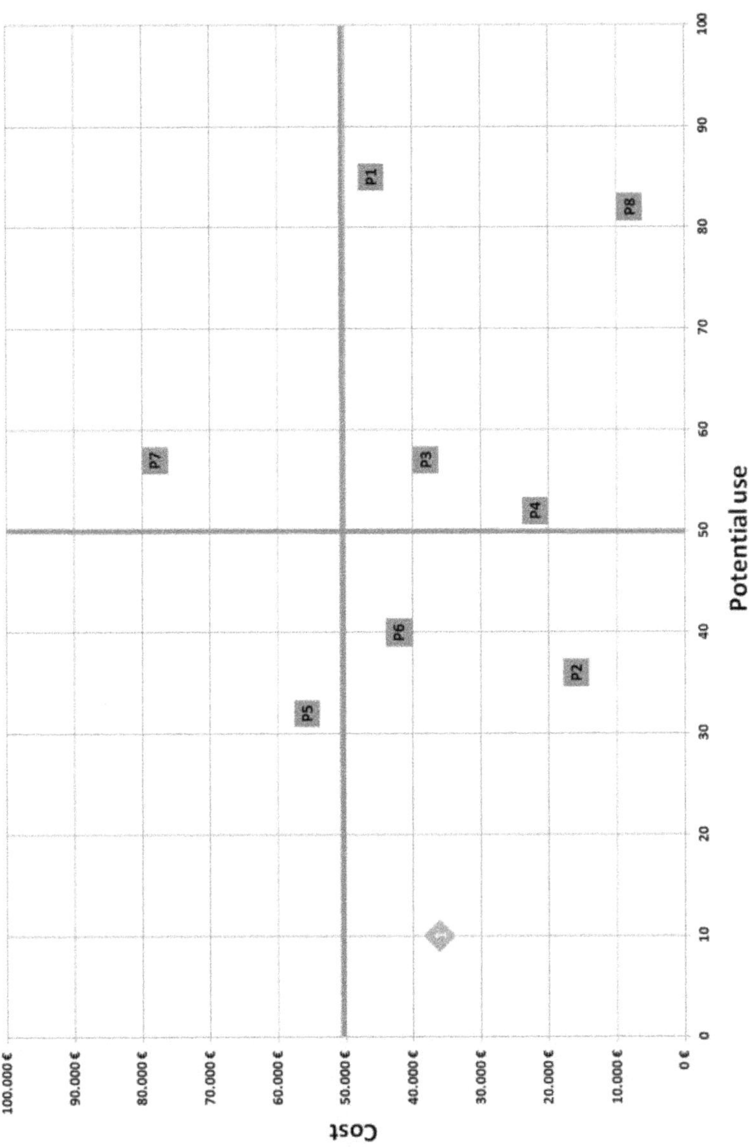

Abbildung 27: Potential use Score Diagram

1. Quadrant (unten links)

In dem ersten Quadrant sind mit P2 und P6 zwei Projekt-Vorhaben für eine Automatisierung aufgeführt die auf Grund des tatsächlichen Nutzens ggf. nicht umgesetzt werden sollten. P6 ist verhältnismäßig teuer im Vergleich zum erzielbaren Nutzen. P2 ist auf jeden Fall günstiger. Es gibt evtl. hier auch noch die Möglichkeit eines umfangreicheren Vorhabens, so dass sich P2 lohnen könnte.

2. Quadrant (unten rechts)

P1, P3, P4 und P8 befinden sich in dem Quadranten in dem sich eine Umsetzung auf jeden Fall lohnen würde: Hoher Nutzen gegenüber geringen Projektkosten.

Das Beispiel ‚Neuer Anwender' als Projekt P1 schlägt sich auch sehr gut. Als Vergleichswert und Gegenüberstellung werden auch der aktuelle Potential use Score Wert und die laufenden Kosten für ‚Neuer Anwender' übertragen. In dem Diagramm wird nur ein Wert verglichen zur besseren Darstellung des Diagramms. Der Vergleichswert ist in der Abbildung 27: Potential use Score Diagram auf Seite 89 als Raute mit Nummer 1 gekennzeichnet.

Potential Use Score Analysis									Compare Datas	
ID	Project	Cost-Score	TT- Score	SQ-Score	SEC-Score	Potential use Score	Project Cost		Old Potential use Score	Old Total Cost
P1	**New User**	**19**	**24**	**20**	**22**	**85**	**46.000 €**		**10**	**36.000 €**
P2	Password Management	12	12	5	12	36	16.000 €		23	42.000 €
P3	Server-Restarts	20	25	5	12	57	38.000 €		23	27.608 €
P4	Autoreaction1	15	25	5	12	52	22.000 €		24	216.000 €
P5	Autoreaction2	12	8	5	12	32	55.600 €		26	180.000 €
P6	CM Mgmt 1	10	18	5	12	40	42.000 €		33	192.000 €
P7	CM Mgmt 2	20	25	5	12	57	78.000 €		30	48.000 €
P8	CM Mgmt 3	10	60	5	12	82	8.000 €		37	10.000 €

Abbildung 28: Potential Use Score – New / Old Compare

3. Quadrant (oben links)

In diesen Quadrant ist nur das Projekt P5 aufgeführt. P5 ist also verhältnismäßig teuer im Vergleich zu dem erhofften Nutzen. Es ist daher zu prüfen, ob da Projekt umgesetzt werden soll und noch weitere Optimierungsmöglichkeiten in Bezug auf Kosten und Nutzen hat.

4. Quadrant (oben rechts)

Auch nur ein Projekt mit der Nummer P7 hat dieser Quadrant. Der Nutzen ist akzeptabel. Die Kosten jedoch sind für das Projekt im Gegensatz zu P1, P3, P4 und P8 sehr hoch. Daher muss auch hier geprüft werden ob eine Umsetzung sich lohn.

Die Kosten werden auf ein Jahr kalkuliert. Lohnt sich ein Projekt wenn der Nutzen anhalten und über mehrere Jahre andauert? Dann können die Kosten umgelegt werden auf mehr als ein Jahr. Damit kann eine Umsetzung auch gerechtfertigt werden.

13. Management Summary

Die Automatisierung bringt erhebliche Vorteile mit sich, wie

- Reduktion von Medienbrüchen und Kommunikationsschnittstellen
- Erhebliche Reduzierung der Betriebskosten
- Steigerung der Effektivität und Produktivität
- Transparente Prozesse und Verfahren

Chancen müssen erkannt und bewertet werden durch

- Einbringen von Innovationen
- Einbringen von best practice Szenarien
- Reifegrad-Analyse/Bestimmung
- Bewertung von Nutzenpotenzialen und Gegenüberstellung der Kosten

Risiken und Gefahren müssen erkannt, bewertet und beseitigt werden durch

- best practice Erfahrungen
- Analysen
- Konsolidierung
- Standarisierung u.a. durch
  - Policies erstellen, pflegen, weiterentwickeln und gegenprüfen
  - Erstellen und Verfolgung von Roadmaps
  - Audit-Maßnahmen

Hindernisse müssen erkannt und begegnet werden durch

- Gespräche und Aufklärung
- Workshops und Schulungen
- Lobbyarbeit

Abbildung 29: Management Summary

14. Glossar

Accounting

Siehe unter Finance Management for IT Services

Active Directory

Ein Active Directory (AD) ist ein spezifischen Programm und Windows Systemdienst eines Microsoft Windows Server Betriebssystems. Das AD ist ein Verzeichnisdienst und listet Informationen in der Regel analog zu einem Unternehmen auf, wie zum Beispiel Benutzer, Gruppen, Computer oder Datei- und Verzeichnisfreigaben.

Audit

Audit ist eine Aktivität, mit der sichergestellt wird, dass die Informationen in der CMDB präzise sind und dass alle Configuration Items identifiziert und in der CMDB erfasst wurden. Ein Audit ist eine periodisch durchgeführte, formale Prüfung.

best practice

best practice ist in Bezug auf ITIL ein bewährtes Vorgehen, um erfolgreich Projekte umzusetzen und wiederkehrenden Ereignissen optimal zu begegnen. Das Vorgehen besteht aus folgenden Bausteinen:

- continual improvement
- measurable outcomes
- positive impact
- enduring success
- repeatable
- innovative

BMC Atrium

BMC Atrium (ehemals BMC Remedy Action Request System) ist ein Produkt des Softwareherstellers BMC. Die Software-Suite besteht aus unterschiedlichen Anwendungen/Module um Prozess zu unterstütztn. Es gibt u.a. Module für Helpdesk, Customer Support, Change Management, SLM, Asset Management und Knowledge Management.

Catalogue Services

Ein Catalogue Services (Servicekatalog) ist eine Datenbank oder ein strukturiertes Dokument mit Informationen zu allen aktiven IT-Services. Der Catalogue Services ist der einzige Bestandteil des Serviceportfolios, der an die Kunden ausgehändigt wird. Er unterstützt den Vertrieb und die Bereitstellung von IT Services. Der Servicekatalog enthält Angaben zu Liefererergebnissen, Preisen, Bestellungen und Anfragen sowie Kontaktinformationen. Oft wird der Catalogue Services in Form eines WebShops angeboten.

CFIA

Die CFIA (Component Failure Impact Assessment) ist ein Verfahren um bei einem Störungsfall (Incident) von IT-Services oder CIs die Auswirkung zu ermitteln. Anhand einer Matrix werden IT-Service und CIs gegenübergestellt und so kritische CIs identifiziert.

Charging

Siehe unter Finance Management for IT Services

ChgM

Change Management (ChgM) ist der Prozess, der für die Steuerung des Lebenszyklus aller Changes verantwortlich ist. Wichtigstes Ziel des Change Management ist es, die Durchführung von lohnenden Changes bei einer minimalen Unterbrechung der IT Services zu ermöglichen.

CI

Configuration Items (CIs) sind alle Komponenten, die verwaltet werden müssen, um einen IT Service bereitstellen zu können. Informationen zu den einzelnen CIs werden in einem Configuration Record innerhalb des Configuration Management Systems erfasst und über den gesamten Lebenszyklus hinweg vom Configuration Management verwaltet. CIs stehen unter der Steuerung und Kontrolle des Change Management. CIs umfassen v.a. IT Services, Hardware, Software, Gebäude, Personen und formale Dokumentationen, bspw. zum Prozess und SLAs.

CM

Das Configuration Management (CM) ist der Prozess, der für die Pflege von Informationen zu Configuration Items einschließlich der zugehörigen Beziehungen verantwortlich ist, die für die Erbringung eines IT Service erforderlich sind. Diese Informationen werden über den gesamten Lebenszyklus des CI hinweg verwaltet.

CMDB

Eine Datenbank, die verwendet wird, um Configuration Records während ihres gesamten Lebenszyklus zu speichern. Die Configuration Management Database (CMDB) speichert Attribute von CIs sowie Beziehungen zu anderen CIs.

CobiT

CobiT ist ein Modell von IT-prozessbezogenen Kontrollzielen, die in einer Organisation beachtet und umgesetzt werden sollten, um eine verlässliche Anwendung der IT zu gewährleisten.

Dazu verwendet CobiT sieben in Gruppen eingeteilte Kriterien anhand derer IT-Ressourcen zur Erreichung von Geschäftszielen bewertet werden können.

- Qualität der IT
    - Effektivität
    - Effizienz

- Sicherheit
    - Vertraulichkeit
    - Integrität
    - Verfügbarkeit
    -
- Ordnungsmäßigkeit
    - Einhaltung rechtlicher Erfordernisse
    - Zuverlässigkeit

(Quelle: http://de.wikipedia.org/wiki/cobit)

CRAMM

CRAMM (CCTA Risk Analysis and Management Method) ist eine Methode zur Ermittlung von Gefahren und Risiken. Auch das Ausarbeiten von Gegenmaßnahmen ist Bestandteil der Methode.

CRM

Ein CRM (Customer Relationship Management) System dient zur Kundenbeziehungspflege. Das System verwaltet alle relevanten Informationen zu einem Kunden, wie Dokumente, Verträge, Telefonate oder Ansprechpartner.

Error Control

Siehe unter ‚Problem Control'

Finance Management for IT Services

Das Finance Management for IT Services (FiM) bietet eine kostenwirksame Verwaltung der IT-Komponenten und der finanziellen Ressourcen, die für die Erbringung IT Services eingesetzt werden. Das FiM ist ein integraler Bestandteil des ITSM. Es stellt die essentiellen Management-Informationen zur Verfügung, die für die Gewährleistung einer effizienten, wirtschaftlichen und kostenwirksamen Erbringung des Service benötigt werden.

Folgende Prozess Ziele und Sub-Prozesse werden im FiM behandelt:

Budgeting	Accounting	Charging
Finanzplanung	Kosten-rechnung	Leistungs-verrechnung
•Es werden Prognose über die künfigten Kosten erstellt und geplant. Es gibt zwei Methoden des Budgeting: •**Incremental Budgeting** •**Zero-Based Budgeting**	•Es werden Kosten ermittelt, erfasst und Zugeordnet auf IT-Service und Kunden •Es wird auf Basis eines Kostenrechnungs model die Kosten je IT-Service ermittelt	•Optinaler Sub-Prozess um Kosten weiter zu verteilen um möglicherweise die IT-Organisation als Profit Center zu betreiben

FTA

Die FTA (Fault Tree Analysis) ist ein Verfahren um die Wahrscheinlichkeit eines Ausfalls zu ermitteln. Anhand eines Fehlerbaums werden Abhängigkeiten von unterschiedlichen Ressourcen, wie CIs oder Rollen, zusammengetragen um die Verkettung im Fehlerfall und den damit verbunden Ausfall sichtbar zu machen.

HP

Die Hewlett-Packard Company (HP) ist eine der größten US-amerikanischen Technologiefirmen, registriert in Wilmington, Delaware und mit Firmenzentrale in Palo Alto, Kalifornien. HP ist zurzeit der größte Computerhersteller der Welt. HP war das erste Technologieunternehmen im Silicon Valley und gilt als Vorreiter für die von der Computertechnologie geprägte Industrielandschaft der Region. Die deutsche Niederlassung befindet sich in Böblingen.

HP Service Manager

Der HP Service Manager ist eine Weiterentwicklung des HP ServiceCenter und integriert zudem Funktionen des HP Service Desk. Die Lösung enthält Basisfunktionen (Service Manager Foundation) wie Web Client, ITIL-Datenbank, Universal CMDB (Datenbank für Konfigurations-Management) und unterstützt die Integration über SOAP-Schnittstellen. Darauf aufbauend können Unternehmen aus verschiedenen Modulen die für ihre Bedürfnisse relevanten Lösung wählen: Helpdesk,

Wissens-Management, Änderungs-Management, Request Management, Service Level Management sowie Service-Katalog. Alle Module basieren auf bewährten ITIL-Verfahren und Best Practices von HP.

Der HP Service Manager 9 bietet integrierte Prozesse für den Lebenszyklus von IT-Dienstleistungen. Zudem verbindet die neue Software automatisch den Service-Katalog mit der Konfigurations-Datenbank (Repository). Unternehmen stehen zusätzlich neue Funktionen zur Visualisierung und für das Wissens-Management wie Intranet- und Dateisystem-Recherche oder adaptives Lernen zur Verfügung. So lassen sich mehrere Änderungsanforderungen für das entsprechende Management miteinander verbinden und nach verfolgen.

IM

Incident Management (IM) ist sowohl eine ITIL-Prozess als auch die Bezeichnung einer Einheit in einem Service Support Tool um Incident Tickets anzulegen, zu verwalten/reporten und zur Bearbeitung an Gruppen weiterzuleiten.

ISO/IEC 20000

Die ISO/IEC 20000 Information Technology-Service Management ist ein international anerkannte Norm zum IT-Service-Management, in dem die Anforderungen für ein professionelles IT-Service-Management dokumentiert sind. Auf der Basis dieser Norm gibt es seit Dezember 2005 erstmalig eine Zertifizierung für implementierte IT-Service Managementprozesse einer Organisation. Diese werden durch ein unabhängiges Auditierungs-Institut auf der Basis einer internationalen Qualitätsnorm möglich. Mit dieser Norm wird dem steigenden Bedarf des Nachweises eines wirksamen IT-Service Management Rechnung getragen.

(Quelle: http://de.wikipedia.org/wiki/ISO20000)

ITIL

Die IT Infrastructure Library (ITIL) ist eine Sammlung von Publikationen, die eine mögliche Umsetzung eines IT-Service-Managements beschreiben und inzwischen als der De-facto-Standard hierfür gilt. In der aktuellen Version 3 (ITIL V3) orientieren sich die Inhalte des Rahmenwerks am Lebenszyklus des Services: Strategie (Strategy), Entwurf (Design), Betriebsüberleitung (Transition), Betrieb (Operation) und Verbesserung (Continual Improvement). In dem Regel- und Definitionswerk werden die für den Betrieb einer IT-Infrastruktur notwendigen Prozesse, Aufbauorganisation und Werkzeuge beschrieben. Die ITIL orientiert sich an dem durch den IT-Betrieb erbrachten wirtschaftlichen Mehrwert für den Kunden. Dabei werden Planung, Erbringung, Unterstützung und Effizienz-Optimierung von IT-Serviceleistungen im Hinblick auf ihren Nutzen als relevante Faktoren zur Erreichung der Geschäftsziele eines Unternehmens betrachtet. Aus deutscher Sicht werden die Inhalte vom itSMF Deutschland e.V. weiterentwickelt und verbessert, der zugleich eine Plattform zum Wissens- und Erfahrungsaustausch darstellt und die IT-Industrialisierung vorantreibt.

(Quelle: http://de.wikipedia.org/wiki/itil

ITSM

IT Service Management (ITSM) bezeichnet die Gesamtheit von Maßnahmen und Methoden, die nötig sind, um die bestmögliche Unterstützung von Geschäftsprozessen (GP) durch die IT-Organisation zu erreichen.

ITSM beschreibt den Wandel der Informationstechnologie in Richtung Kunden- und Serviceorientierung. Von Bedeutung ist die Gewährleistung und Überwachung der Business Services, die für den Kunden sichtbaren IT-Services. Auf diese Weise können kontinuierlich die Effizienz, die Qualität und die Wirtschaftlichkeit der jeweiligen IT-Organisation verbessert werden.

(Quelle: http://de.wikipedia.org/wiki/Itsm)

Known Error

Known Errors sind bekannte Fehler und werden im Rahmen vom Problem Management behandelt. Der Subprozess Error Control definiert und dokumentiert den Known Error und speichert diesen als eindeutigen Datensatz in der Known Error Datenbank zur Wiederverwendung ab.

Siehe auch unter Problem Management

KPI

Key Performance Indicators (KPIs) sind Kennzahlen zur Ermittlung eines Fortschritts, Erfüllungsgrad oder eines kritischen Wertes zur Reaktion. KPIs müssen zum Beispiel in Service Support Tools und entsprechender Datenbank hinterlegt werden um ein geordnetes Berichtswesen durchführen zu können. Ohne KPIs sind Berechnungen wie die MTTF (Mean Time To Failure) oder MTTR (Mean Time To Recover) nicht möglich. Auch SLM Berechnungen zur Ermittlung der Einhaltung von SLAs könnten nicht gewährleistet werden.

MTBF

Die MTBF (Mean Time Between Failures) ist die Kennzahl zur Ermittlung der mittleren Betriebsdauer zwischen aller bis her ermittelten Störungen bei einem IT-Services oder CIs. Ohne das Setzten von entsprechenden KPIs ist eine solche Berechnung nicht möglich.

MTTF

Die MTTF (Mean Time To Failure) ist die Kennzahl zur Ermittlung der mittleren Betriebsdauer bis zu einer Störung von IT-Services und CIs. Ohne das Setzten von entsprechenden KPIs ist eine solche Berechnung nicht möglich.

MTTR

Die MTTR (Mean Time To Recover) ist die Kennzahl zur Ermittlung der mittleren Reparaturzeit nach dem Ausfall eines IT-Services oder eines CIs. Ohne das Setzen von entsprechenden KPIs ist eine solche Berechnung nicht möglich.

PIR

Post Implementation Review (PIR) ist ein Review, der nach der Implementierung eines Change oder Projekts erfolgt. Ein PIR stellt fest, ob der Change oder das Projekt erfolgreich ist und identifiziert Verbesserungsmöglichkeiten.

PM

Das Problem Management (PM) ist ein Prozess in ITSM bzw. in ITIL. Das PM minimiert die nachteiligen Auswirkungen, die durch Fehler in der Infrastruktur verursachten Störungen und Problemen für den Geschäftsbetrieb haben. PM verhindert pro aktiv Störungen, Probleme und Fehler. ITIL empfiehlt eine klare Trennung zwischen IM und PM, da der Konfliktpotenzial zu hoch ist.

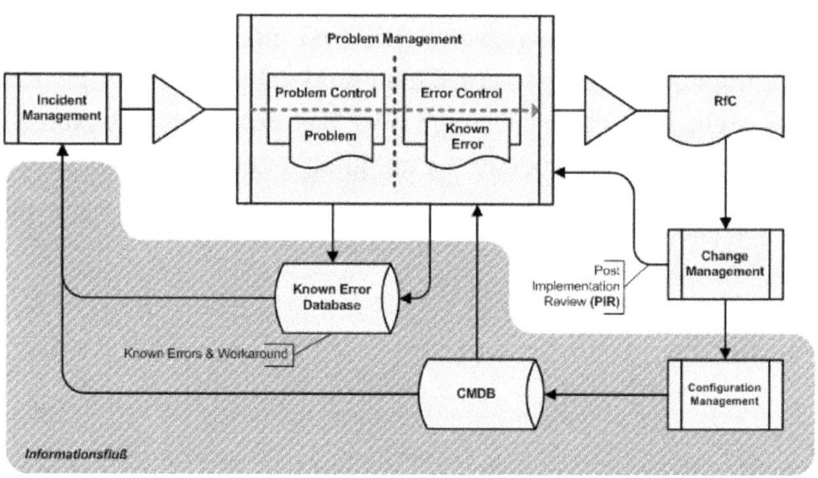

Abbildung 30: Informationsfluss und Subprozesse im Problem Management

Policy

Im Allgemeinen gibt es Policies (Richtlinien) für verschieden Prozesse. Die Richtlinien beschreiben den Rahmen von Handlungsanweisungen, Verfahren zur Dokumentation und Archivierung. Die Richtlinien müssen im Rahmen von ITSM und ITIL erstellt werden um ein geordnetes Fortschreiten, Pflege und Sicherstellung des Geschäftsbetriebes zu gewährleisten.

Im Rahmen vom Security Management gibt es die Information Security Policy. Dieses Dokument wird u.a. auch von ISO/IEC 27002 vorgeschrieben und definiert.

Das Release Management führt ebenfalls Policy Dokumente. Die Design & Deployment Policies (Release Policy) dokumentiert und beschreibt den Vorgang von Entwicklungsarbeiten bis hin zum Look & Feel von Formalmasken und Email-Layouts.

Problem Control

In den Subprozessen Problem- und Error Control werden im Rahmen des ‚Problem Management Prozesses' Probleme und bekannte Fehler (Known Error) behandelt.

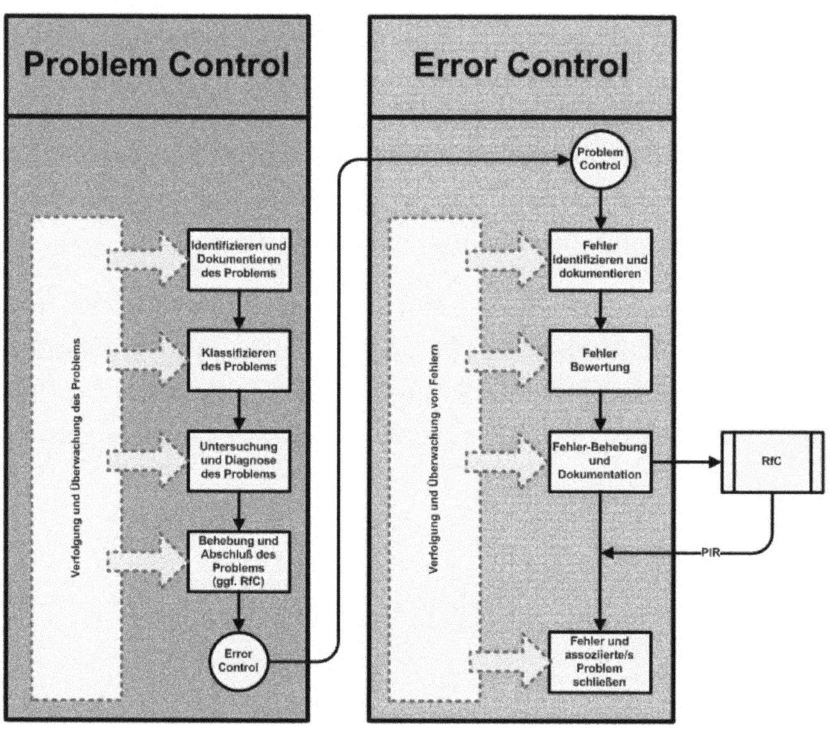

Abbildung 31: Subprozesse Problem- und Error Control

Reifegradbestimmung

Die Reifegradbestimmung wird anhand eines Reifegradmodels durchgeführt um die Reife eines Prozesses zu bestimmen. Durch Interviews, Prozessaudits und –Reviews wird anhand des Models ein Level vergeben. Typisches Model zur Bestimmung des Reifegrades ist SPICE (Software Process Improvement and Capability Determination) oder CMMI (Capability Maturity Model Integration). Folgende Level werden in diesen Modellen zur Reife festgelegt:

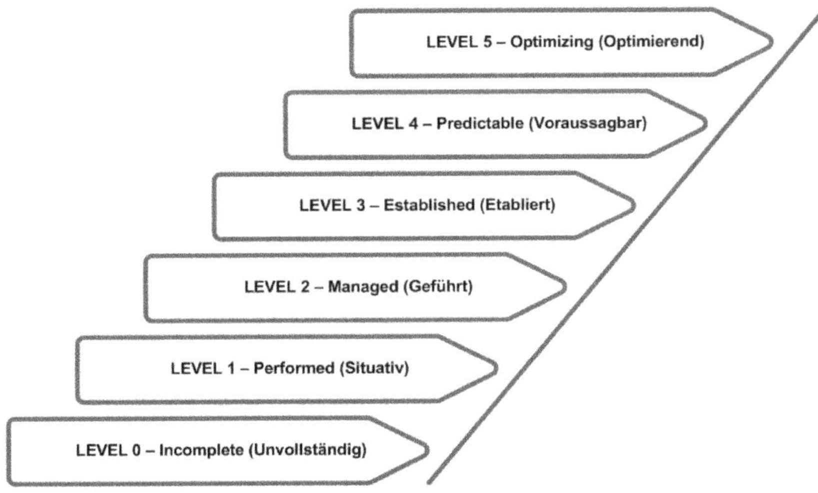

Abbildung 32: Reifegradbestimmung

Request Fulfillment

Der Ausdruck Service Request wird als generelle Beschreibung für verschiedene Anfragen genutzt, die Benutzer bei der IT Abteilung einreichen. Ein Service Request ist eine Anforderung eines Benutzers für Informationen, Ratschläge, einen Standard Change oder Zugriff auf einen Service.

Zum Beispiel kann ein Service Request eine Anforderung für eine Passwortänderung oder eine zusätzlichen Installation einer Softwareanwendung auf bestimmten Arbeitsstationen sein. Weil diese Anforderungen in regelmäßigen Abständen auftreten und ein geringes Risiko beinhalte, ist es besser, sie in einem separaten Prozess abzuhandeln. Request Fulfillment wickelt Service Requests der Benutzer ab.

Request Fulfillments unter ITIL V3 wurde entwickelt um spezielle Arbeitsabläufe für die Bearbeitung von Service Requestes festzulegen. In ITIL V3 wird nun zwischen Incidents (Service Unterbrechung) und Service Request (Standard-Anfragen/Anforderungen) unterschieden. Innerhalb von ITIL V2 wurden Service Requests noch im Rahmen des Incident Management Prozesses abgehandelt.

(Quelle: http://de.wikipedia.org/wiki/request)

Roadmap

Eine Roadmap ist in der IT ein Fahrplan für die Entwicklungsstrategie für Prozesse und IT-Services.

Rolle

Eine Rolle entspricht einem Satz von Verantwortlichkeiten, Aktivitäten und Kompetenzen, die einer Person oder einem Team zugewiesen sind. Eine Rolle wird in einem Prozess definiert. Einer Person oder einem Team können mehrere Rollen zugewiesen sein.

SAP

SAP ist einer der weltgrößten Softwarehersteller. Die SAP-Software bildet geschäftskritische Prozesse eines Unternehmens ab, wie Buchführung, Controlling, Vertrieb, Einkauf, Produktion, Lagerhaltung oder Personalwesen. SAP steht als Synonym für eine feste Instanz eines Unternehmens mit IT-Betrieb.

Security Management

Das Security Management muss die IT Sicherheit der Business Security angleichen und sicherstellen, so dass die Information Security in allen Services und im IT-Betrieb effektiv gesteuert wird.

Service Support Tool

Ein Service Support Tool unterstützt Prozesse wie ein Incident- oder Problem Management. Das Tool hat verschiedene Module mit dem die unterschiedlichen ITIL-konformen Prozesse abbildbar sind. HP Service Manager oder BMC Atrium sind solche Service Support Tools.

Serviceportfolio

Ein Serviceportfolio beschreibt die Services eines Providers hinsichtlich ihres Business Wertes. Es ist eine dynamische Methode, um Investitionen in Service Management über das gesamte Unternehmen hinweg zu steuern. Mit Service Portfolio Management (SPM), sind Manager in der Lage die Qualitätsanforderungen und die begleitenden Kosten zu bewerten.

Das Ziel des Service Portfolio Management ist es den größtmöglichen Mehrwert aufzuzeigen und dabei die Risiken und Kosten zu steuern.

SLA

Der SLA (Service Level Agreement) ist ein Vertrag zwischen Auftraggeber und Dienstleister. In diesem Vertrag wird eine Dienstleistung beschrieben mit allen Rechten und Pflichten beider Vertragsparteien. Bei nicht Einhaltung der definierten Ziele des Vertrages greifen die sogenannten Service Levels. Diese beschreiben was im Falle der nicht Einhaltung eines Zieles passieren soll, wie zum Beispiel das Zahlen von Vertragsstrafen (Pönalen). Siehe hierzu auch SLM.

SLM

Das Service Level Management (SLM) ist ein Prozess im Sinne von ITSM und ITIL. Das SLM arbeitet an der Erhaltung und allmählichen Verbesserung der auf die geschäftlichen Aktivitäten ausgerichteten IT Servicequalität. Dies geschieht durch einen beständigen ablaufenden Zyklus der Abstimmung, der Überwachung, des Berichtens und des Reviews im Zusammenhang mit den Leistungen der IT Services sowie durch das Ergreifen von Maßnahmen zur Eliminierung unakzeptabler Servicequalität.

Das SLM stellt sicher, dass die Service-Ziele in Service-Level-Agreements (SLAs) dokumentiert und geregelt werden. Außerdem überwacht und überprüft es den tatsächlichen erbrachten Service auf Einhaltung der entsprechenden SLA-Zielvorgaben. Das SLM sollte darüber hinaus pro aktiv anstreben, unter Einhaltung der herrschenden Kosten-Beschränkungen alle Service-Level zu verbessern .SLM ist der Prozess, der zwischen zwei Parteien vereinbarte Service-Level verantwortet und verbessert. Die beiden Parteien sind:

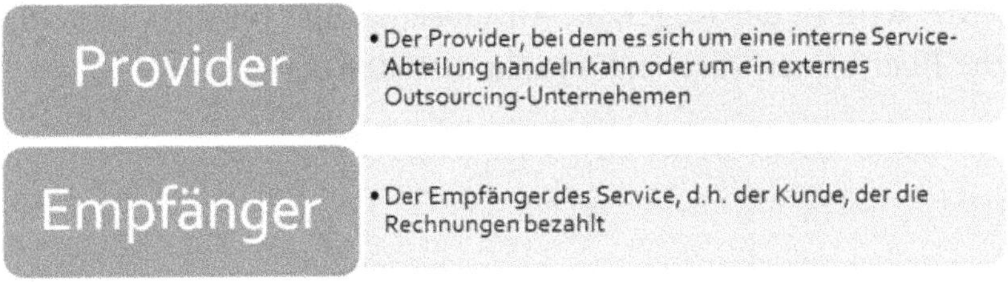

Provider
- Der Provider, bei dem es sich um eine interne Service-Abteilung handeln kann oder um ein externes Outsourcing-Unternehemen

Empfänger
- Der Empfänger des Service, d.h. der Kunde, der die Rechnungen bezahlt

Abbildung 33: SLM-Parteien

Standard Change

Ein Standard Change ist ein vorab genehmigter Change mit geringem Risiko, der relativ häufig eingesetzt wird und einem bestimmten Verfahren oder einer Arbeitsanweisung folgt. Zum Beispiel die Zurücksetzung eines Passworts oder die Bereitstellung der Grundausstattung für einen neuen Mitarbeiter.

Windows-Systemdienst

Ein Windows-Systemdienst ist ein Programm und Bestandteil des Betriebssystems. Ein Systemdienst agiert in der Regel im Hintergrund und übernimmt Aufgaben für den ordnungsmäßigen Ablauf der Betriebsdauer.

XML

XML (Extensible Markup Language) ist ein strukturiertes Dokument in der Datenverarbeitung in Form von Textdaten. Ein XML wird in der Regel als Austauschformat für unterschiedliche Plattformen verwendet (Schnittstellen).

15. Stichwortverzeichnis

A

B

C

E

F

G

H

I

K

M

P

R

www.ingramcontent.com/pod-product-compliance
Ingram Content Group UK Ltd.
Pitfield, Milton Keynes, MK11 3LW, UK
UKHW021127260726
13994UKWH00001B/17